스토리텔링 교육놀이 기초편

대화의 도구, 이야기
이야기로 노는 법

윤성혜

와이스토리

들어가며

우리가 매일 사용하는 말 속에는 우리의 생각과 감정, 그리고 마음의 깊이가 담겨 있습니다. 그런 말들이 모이고 흘러 하나의 이야기가 될 때, 놀라운 일이 벌어지곤 합니다. 이야기는 단순히 우리의 생각을 표현하는 도구에 그치지 않고, 사람과 사람을 연결하고, 나를 돌아보게 하며, 때로는 인생의 어려운 문제를 해결하는 열쇠가 되기도 합니다. 이러한 이야기의 힘을 발견하고, 함께 나누고자 이 책을 준비했습니다.

이 책은 스토리텔링 교육 놀이 지도사 3급 과정을 수강하시는 분들을 위해 만들어졌습니다. 스토리텔링 교육 놀이 지도사 3급 과정은 이야기톡을 활용해 이야기를 만들어보고, 이를 교육과 놀이에 적용하는 방법을 배우는 실습형 과정입니다. 이 과정을 통해 스토리텔링 교육에 관심이 많은 교사, 강사, 상담사들에게 스토리텔링 교육에 대한 새로운 방향성과 적용 방법을 제시하고자 합니다.

이야기톡은 제가 오랜 시간 동안 연구하고 개발한 스토리텔링 도구입니다. 현실적인 그림과 다양한 상황을 담아낸 이야기톡은 단순한 카드 그 이상으로, 소통을 돕고, 창의성을 자극하며, 우리의 일상에 새로운 생기를 불어넣는 역할을 합니다. 이야기톡을 활용하면 누구나 쉽고 자연스럽게 이야기를 만들 수 있고, 그렇게 만들어진 이야기를 통해 자신과 타인을 더욱 깊이 이해할 수 있습니다.

이 책은 여러분이 이야기톡을 최대한 효과적으로 활용할 수 있도록 돕는 안내서입니다. 스토리텔링의 기본 개념에서부터 '다섯 조각 이야기'를 만드는 실습법, 그리고 이를 교육과 놀이에 적용하는 구체적인 방법까지, 한 걸음 한 걸음 친절하게 설명하고자 했습니다. 여러분이 이 책을 통해 스토리텔링을 배우며 경험할 순간들이 벌써부터 기대됩니다.

제가 교육 현장에서 만난 많은 분들이 스토리텔링을 통해 새로운 변화를 경험했습니다. 어떤 분은 자신도 몰랐던 내면의 생각과 감정을 발견했고, 어떤 분은 소통의 어려움을 해결했으며, 또 다른 분은 아이들과의 관계를 한층 더 끈끈하게 만들었습니다. 이야기는 우리의 삶과 마음을 이어주는 강력한 힘을 가지고 있습니다. 이 책을 통해 그 힘을 직접 경험해 보시길 바랍니다.

마지막으로, 이 책은 단순히 학습을 위한 교재가 아닙니다. 이 책은 여러분이 '이야기'를 통해 소통하고 성장하며, 나아가 스스로의 삶과 교육 현장에서 변화를 만들어갈 수 있도록 돕는 도구입니다. 이 책을 읽고 실습하며, 여러분의 현장에서 다양한 방식으로 이야기톡을 활용해 보세요. 이야기를 통해 마음을 여는 순간, 놀라운 일이 펼쳐질 것입니다. 함께 이야기의 여정을 시작해 볼까요?

여러분과 함께 새로운 이야기를 만들어갈 수 있기를 기대하며,

이 책을 즐겁게 활용해 주시길 바랍니다.

윤성혜
와이스토리 대표
이야기톡 개발자, 스토리텔링 교육 강사

※ 이 책에서 **코치, 이야기꾼**은 다음과 같은 의미로 사용한다.
코치 대화를 이끌어내는 사람, 이야기를 만들도록 하는 사람, 상담사, 진행자
이야기꾼 대답하는 사람, 이야기를 만드는 사람, 내담자, 수강생
* 이 책에 등장하는 인물은 모두 실제 인물이며, 이름은 가명으로 사용했다.

차례 / CONTENTS

01 대화의 도구, 이야기 <소통하기>

1. 세련된 소통의 도구, 스토리텔링

2. 다섯 조각 이야기

   (1) '다섯 조각 이야기'의 목적

   (2) '다섯 조각 이야기' 진행하기

   (3) '다섯 조각 이야기' 운영 Tip

   (4) 더 쉬운 다섯 조각 이야기

3. 스토리코칭

   (1) 누구의 시점으로 질문할까?

   (2) 단계별로 어떤 질문을 할까?

   (3) 다섯조각 이야기의 심화

4. 이야기와 문제해결력

   (1) 3단계로 '문제' 패턴 분석하기

   (2) 4단계로 '문제 해결' 패턴 분석하기

   (3) 문제 해결력을 높이는 이야기 창작 커리큘럼

02 창작의 도구, 이야기 <이야기 만들기>

1. 시간흐름에 따른 이야기

2. 인과관계가 있는 이야기

3. 갈등-해결 구조의 이야기

- 이야기 이어 창작하기의 성장 단계
- 와이질문 이야기 만들기 활동지

03 놀이의 도구, 이야기 <시간 즐기기>

1. 놀이의 특징

2. 놀이의 종류

3. 놀이와 이야기의 공통점

　　(1) 갔다가 돌아오기 = 모험을 할 수 있는 가장 안전한 장치

　　(2) 서사 창의력 (narrative creativity)

　　(3) 문제 해결력

04 이야기톡이란

1. 이야기 화소(話素)를 통계적으로 나열함

2. 현실적인 소재

3. 이야기가 있을 법한 그림

4. 아름다운 일러스트

5. 유연한 해석과 활용이 가능한 그림

05 마무리

1. 알고 있으면 좋은 사이트

2. 추천도서

3. 저작권

01

대화의 도구, 이야기
소통하기

1. 세련된 소통의 도구, 스토리텔링
2. 다섯 조각 이야기
3. 스토리 코칭
4. 이야기와 문제해결력

스토리텔링 교육놀이 3급

01 | 대화의 도구, 이야기

1. 세련된 소통의 도구, 스토리텔링

소통의 기본은 상대의 생각과 감정을 알아차리는 것이다. 어떻게 알 수 있을까? 직접 물어볼 수도 있겠지만 그보다 자연스럽고 세련된 방법이 있다. 그 사람이 만든 이야기를 들어보는 것이다. 누군가 나에게 "당신 꿈이 무엇인가요?" 라고 질문하면 부담스럽지 않겠는가? "지금은 2040년이에요. 주인공은 5년 전에 시작한 일이 대박이 나서 경제적으로 매우 풍족해졌어요. 이 주인공은 그다음 도전으로 무엇을 할까요?"라고 질문을 하면 나도 모르게 이야기를 만들게 된다. 이때 이야기를 만드는 동안 나를 알고 타인을 알아갈 수 있다.

이야기가 사람을 연결한다

장면 1 브라질의 코파카바나 해변에서 전세계 젊은 청년들이 모여 서핑 후 백사장에서 맥주를 마신다. 눈이 마주치는 사람에게 슬쩍 레슬링 자세를 취하면 오케이 사인을 주고받은 후 모래 위에서 우정(?)의 레슬링을 한다. 그들은 당연히 모르는 사이였지만 서핑, 맥주, 레슬링 그 어떤 것이라도 하나만 하면 서로 눈빛으로 통하는 사이가 된다. 박대표가 이들과 함께 일주일을 보내고 온 후 그 후기를 들려주었다. 함께 맥주를 마실 때 덩치 큰 캐나다 남자가 앙증맞은 그림카드를 꺼냈다. 그리고 그 테이블에 함께 있는 사람들에게 그림카드를 몇 장씩 나눠준 후 이야기를 나눴다. 지난 주말에 여자친구 생일날 무엇을 했는지, 나는 여자친구와 무엇을 하고 싶은지. 그들의 이야기는 모래가 잔뜩 묻은 카드와 함께 후덥지근한 바다로 흘러 들어갔다.

장면 2 터키의 카파도키아는 전세계에서 열기구를 타러 오는 사람들로 가득하다. 열기구는 새벽에 타야 하기 때문에 밤버스를 타고 이동한다. 버스에 엄마와 6~10살 쯤 되어보이는 아이 둘, 흑인 모자가 함께 탔다. 아이들은 지루함을 이기지 못하고 엄마를 귀찮게 했고, 엄마는 가방에서 비장의 무기를 꺼냈다. 파우치에서 들어있는 꼬깃꼬깃한 이야기카드. 아이들은 평소 많이 해본 솜씨로 번갈아가면서 앞사람의 이야기를 이어갔다. 아이들은 재밌는 놀잇감이 나타나 잠시 집중하더니 이내 잠을 청했다. 버스는 동이 트기 전 새벽에 도착했다. 이 가족은 기다리는 대기실에서 어김없이 이야기카드를 꺼냈다. 이번에는 보고 있던 다른 사람들도 동참했다.

장면3 목포에 있는 초등학교 wee클래스에는 이야기카드가 있다. 아이들은 쉬는시간마다 찾아와서 카드놀이를 한다. 앞사람의 이야기를 이어서 말하는 '네버엔딩 스토리', 마음에 드는 이야기를 선택하는 '이야기 오디션 게임', 다른 사람이 말한 이야기를 훔쳐오는 '이야기 도둑 게임' 등 다양한 놀이를 한다. 여기가 아이들의 천국이다.

1. 대화의 도구, 이야기 [소통하기]　　2. 창작의 도구, 이야기 [이야기 만들기]　　3. 놀이의 도구, 이야기 [시간 즐기기]
4. 이야기톡이란　　5. 마무리

'이야기톡'을 이용해 이야기를 만들도록 하면 "저의 작문 실력이 모자란 것을 다른 사람에게 들킬 것 같아서 못하겠어요."라고 말하는 사람들이 있다. '이야기 만들기=작문 실력을 보여주기 위한 행동'으로 여기고 있는 우리의 모습이다. 작문 실력이 좋으면 더 훌륭한 이야기를 만들 수 있다. 하지만 지금은 훌륭한 이야기를 만들 필요가 전혀 없다. 이야기 만들기가 즐거워서, 또는 대화를 나누기 위해 이야기를 만들어 보자.

이야기에는 내가 드러난다

저널 치료라는 분야가 있다. 쉽게 말하면 일기 쓰기 치료이다. 일기를 쓰면서 스스로를 치료하는 것처럼 이야기를 만들면서 나를 표현하고 나와 대화할 수 있다. 픽션의 이야기에는 내가 중요하게 생각하는 가치관, 세상을 이해하는 세계관이 담겨 있다. 캐릭터를 만들고 상황을 개발할 때 작가는 자신의 열망, 두려움도 알게 된다. 이야기를 왜 만들어야 하냐고? 다른 사람에게 들려주기 이전에 나를 먼저 잘 알기 위해서이다! 이야기꾼이 되고 작가가 되면 무엇이 좋은가? 나를 더 많이 이해하고 나를 사랑하게 된다.

아래 그림들은 "다섯 조각 이야기" 기법으로 이야기를 만든 것이다. 창작자의 어떤 면이 드러났는지 살펴보자.

• **소가 없어졌어요 - 31살 최한나**

여자아이가 바다가 보이는 예쁜 마을에 살고 있어요. 여자아이는 소에게 풀을 먹이고 있었는데 그만 소중히 여기던 소가 팔려 갔습니다. 그때 옆집 아저씨가 와서 새로운 소를 사 줬어요. (비하인드스토리) 그 아저씨에게는 아들이 있었는데 그 아들과 나는 지금 썸을 타고 있답니다.

이 이야기를 만든 창작자는 당시 31살로 직업을 6번 바꾼 상태였다. 즐겁게 일하던 회사가 어느 날 갑자기 없어지기도 했고, 내가 생각하기에 이 길이 아닌 것 같아서 스스로 그만두기도 했다. '다섯 조각 이야기'에서 보통 2단계는 '나의 욕망'과 이어지는데. 최한나 씨는 나의 소명을 찾고 싶어 하는 것 같다. 물어보니, '이것이 나의 천직이다'고 생각할 수 있는 한 가지 직업으로 정착하길 원한다고 했다. 3단계를 보면 내가 소중히 여기던 소가 나의 의지와 상관없이 팔려 간 것으로 보아, 현재 꼭 붙잡고 싶은 직업/분야가 없거나, 있더라도 적극적인 방법으로 그것을 쟁취하는 성향은 아님을 알 수 있다. 문제 해결의 방법도 재미있다. 팔려 간 소를 데려온 것이 아니라 새로운 소를 데려 온다.

• 물고기 이야기 - 중학교 1학년 최빛호

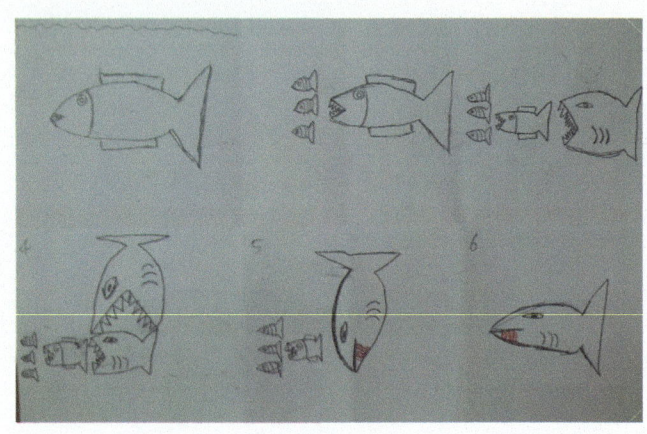

주인공은 물고기에요. 이 물고기는 다른 물고기를 잡아먹으려 해요. 그런데 주인공을 잡아먹으러 오는 더 큰 물고기가 있어요. 더 큰 물고기를 잡아먹으러 오는 더더 큰 물고기가 있어요. 가장 큰 물고기가 중간물고기를 잡아먹어요. 최종적으로 가장 큰 물고기만 살아 남아요.

이야기가 어떠한가? 문제가 일어나는 이유(3단계)와 문제를 해결하는 방법(4단계), 이후 결말(5단계), 비하인드 스토리(6단계)까지 모두 너무 단순한 동기로만 이야기가 진행된다. 이야기를 이끌어가는 핵심 동기는 바로 '약육강식'이다. 최빛호 학생이 인식하고 있는 세상이 돌아가는 원리는 '약육강식'일 가능성이 높다. 최빛호 학생은 문제가 닥쳤을 때 꺼내어 쓸 수 있는 문제 해결 방법의 종류가 너무나도 빈약하다.

내가 두 번째 놀란 것은 주인공이 죽는다는 사실이다! 대부분의 사람들은 "지금부터 재미있는 이야기를 하나 만들어보자"라고 시작하는 "다섯 조각 이야기"에서 주인공을 죽이지는 않는다. 나도 모르게 나를 투영하기 때문이다. 평범한 걸 거부해서 일부러 독특한 구조를 만들려고 하거나 나만의 독창적인 메시지를 전달하려는 경우에 주인공을 죽이기도 하지만 이렇게 허무하게 죽지는 않는다.

최빛호 학생은 할머니와 둘이 살고 대부분의 시간을 게임으로 보내는 등 다양한 자극이 없이 건조하게 지내고 있으며 학교폭력에 노출되어 있었다.

2. 다섯 조각 이야기

1) '다섯 조각 이야기'의 목적

'다섯 조각 이야기'는 연극치료 기법 중 '여섯 조각 이야기'에서 모티프를 얻어, 스토리텔링 기본 기법으로 수정 보완을 거쳐 만든 것이다. 출처: 스토리텔링 교육 놀이 2급(윤성혜) '다섯 조각 이야기'는 목적에 따라 진행방식이 조금 다르다. 소통을 잘 하기 위한 목적과 이야기를 잘 만들기 위한 목적 크게 두 가지로 나눌 수 있다. '다섯 조각 이야기'의 목적은 다음과 같다.

소통의 목적

대화의 기술로서 사용

창작의 목적

스피치 기술, 브랜딩 ,

이야기뼈대 만들기 기술로서 사용

본 교재에서는 **소통의 목적**, 즉 대화의 기술로서 '다섯 조각 이야기'를 연습해보고자 한다. **창작의 목적**, 즉 스피치 기술 , 브랜드 만들기, 군더더기 없이 자기소개 하기, 흥미로운 이야기의 뼈대 만들기'로서의 '다섯 조각 이야기'는 [스토리텔링 교육 놀이 2급] 교재와 그 과정에서 다룬다.

지자체에서 하는 책축제 행사에서 아이들이 미니책을 만들고, 스스로 만든 책을 발표하는 시간이 있었다. 이야기카드를 스티커처럼 붙여서 세상의 하나 뿐인 나의 책을 만든 것이다. 초등학교 3학년인 정현수 학생의 차례가 되었다.

"성재는 아무도 없는 방을 들어갔어요. 그 곳에는 좀비의 습격을 받고 죽어있는 시준이 형이 있었습니다....." 갑자기 아이가 발표를 멈췄다. 엄마와 눈이 마주친 것이다. 엄마는 눈을 부릅 뜨고 노려보고 있었고 심각했으며 화가 나 있었다. 아이는 엄마가 무서워 결국 만든 이야기를 끝까지 들려주지 못했다. 행사가 끝난 후 학생의 엄마가 따로 부스로 찾아왔다.

"아니, 세상에, 선생님, 이게 말이 됩니까? 어떻게 초3 아이가 이렇게 잔인한 이야기를 만들 수 있어요?" 그래서 내가 이렇게 대답했다.

"아이는 그런 이야기를 만들 수 있어요. 뭐, 다음장면이 기대되고 흥미진진하구만요. 그런데요, 어머님은 이렇게 아이의 이야기를 들으면서 무서운 표정을 지으시면 안 돼요. 그러면 이제부터 아이는 어머님 앞에서 이야기를 들려주지 않으려고 할겁니다. 아이가 잔인한 이야기를 만든 게 속상할까요? 아니면 더이상 엄마에게 속마음을 얘기하지 않는게 속상할까요?"

'다섯 조각 이야기'를 하는 것은 이야기꾼을 테스트하려는 것이 아니다. 잘 해서 누군가에게 보여주기 위해서도 아니다. 그저 즐기기 위해서이다. 또 서로 대화를 나누기 위해서이다. 이야기를 만들자. 그리고 대화하자. 코치와 이야기꾼이 서로 알게 되는 좋은 시간이다.

2) '다섯 조각 이야기' 진행하기

상대방에 대해 잘 알고 싶을 때, 지인을 만나 근황을 듣고 싶을 때 나는 이야기톡 카드를 꺼내 든다.
"제가 재미있는 카드를 가지고 왔어요. 이런 거 본 적 있으세요?"

이야기톡 카드의 앞면이 잘 보이도록 테이블에 펼쳐놓는다.

"타로카드예요?"

"비슷한 거예요. 그림이 예쁘지요. 우리 이걸로 지금부터 재미있는 이야기를 만들어 볼까요? 제가 다섯 번의 미션을 드릴테니 그림을 잘 보고 다섯 장을 골라보세요."

'다섯 조각 이야기'의 진행

❶ 주인공

"주인공을 골라보세요. 주인공은 사람일 수도 있고 사람이 아닐 수도 있습니다."
사람이 아니어도 된다고 말하면 늑대, 고양이처럼 동물을 주인공으로 정하는 경우가 있다. 때로는 돈, 화장실처럼 무생물이 주인공이 되기도 한다. 무엇이든 상관없다.

❷ 하는 일

2단계의 '하는 일'은 여러 가지 버전으로 해볼 수 있다. '다섯 조각 이야기'를 한 번 할 때 a~c를 모두 말하지 말고, 한번에는 a~c 중 한 가지만 선택해서 안내한다.

| 1. 대화의 도구, 이야기 [소통하기] | 2. 창작의 도구, 이야기 [이야기 만들기] | 3. 놀이의 도구, 이야기 [시간 즐기기] |
| 4.이야기톡이란 | 5. 마무리 | |

a. 하는 일

"주인공이 하고 있는 일을 고르세요. 직업을 말하는 것이 아닙니다."

에피소드 전개가 시작되는 단계이다. '하는 일'이라고만 하면 직업을 말하는 경우가 있으므로 그것보다는 에피소드에 가까운 스토리를 떠올리도록 안내한다.

b. 하고 싶은 일

"주인공이 하고 싶어 하는 일을 골라보세요."

2단계가 '하고 싶은 일'이 되면 주인공의 욕망을 볼 수 있다. 주인공의 욕망에는 이야기꾼의 소망, 원하는 것이 드러날 가능성이 많다. 2단계에서부터 현실적인 제약으로 '주인공이 이런건 할 수 없을거야' 라고 생각을 한정짓는 경우가 있다면 이렇게 말해주자. "실제 현실에서 할 수 있다 없다는 생각하지 말고 어떠한 제한도 없다고 가정할 경우 이 주인공이 정말 하고 싶은 것은 무엇일까요"?

c. 해야 할 일

"주인공이 해야 할 일을 골라보세요."

주인공의 소명이다. 하고 싶은 일이 있고 하고 싶진 않지만 해야 할 일도 있다. 하고 싶은 일과 해야 할 일이 같을 수도 있다.

❸ 문제

"그런데 문제가 생겼어요! (2단계의 카드를 가리키며) 이 일을 하는데 방해가 되는것, 어려움을 골라주세요."

❹ 해결

"이 문제를 해결할 수 있는 해결의 실마리, 해결방법 카드를 골라주세요."

세상의 모든 스토리는 나름의 방식으로 해결이 된다. 해결하는 과정에 이야기의 주제가 드러난다. 어려움이 있을 때 주인공이 중요하게 생각하는 것이 무엇인지 우선순위가 드러나기 때문이다.

❺ 결말

"이 이야기의 결말을 골라주세요."

이야기의 최종 결말이다. 2단계에서 'b.하고 싶은 일'이나 'c.해야 할 일'을 선택했다면 5단계인 결말이 2단계의 내용과 이어져 내용이 완결될 가능성이 많다.

예) 2단계: 꽃을 찾고 싶다 - 5단계: 예쁜 꽃을 찾아서 집으로 돌아왔다

"이제 이야기를 들려주세요"

나는 이 시간이 참 좋다. 카드를 고르는 상대방을 보면서 '어떤 이야기이길래 이 카드를 고르는 걸까?' 미리 예상해보는 것이 흥미롭다. 커피숍에서 들리는 이런저런 소음이 들리지 않고 온전히 내 앞에 있는 한 사람과 그가 고르는 카드만 보인다. 이 사람은 어떤 삶을 살아왔을지 상상해본다. 이야기꾼 또한 카드를 관찰하고 선택하고 이야기를 만든 것이 낯선 경험이 될 것이다. '다섯 조각 이야기'를 만드는 시간은 코치와 이야기꾼 모두에게 굉장히 흥미로운 시간이 될 것이다. 설레는 감정이 이야기꾼과 코치에게 오래도록 기억된다.

3) '다섯 조각 이야기' 운영 Tip

여러 사람이 함께 한 세트의 카드를 사용할 때

여러 사람이 동시에 '다섯 조각 이야기'를 하면 사용하고자 하는 카드가 겹칠 수 있다. 그 때는 다른 카드로도 그 의미로 해석할 수 있도록 생각을 확장해본다. 분명히 원하는 의미가 들어간 카드가 존재할 것이다. 그렇지 않다면 직접 그림을 그려도 좋다. 카드가 중요한 것이 아니다. 내가 이야기를 만든다는 것이 중요하다.

이야기 카드가 없다면?

이야기 카드는 생각을 떠올리는 것을 도와준다. 그러나 이야기 카드가 없거나 매번 같은 카드를 사용해서 질린다면? 그림으로 그려도 된다. 그림을 그리는 것도 싫다면, 주변에 보이는 사물들로 이야기해도 되고, 그냥 내 마음이 시키는 언어로 말만 해도 된다.

사용할 수 있는 카드의 종류

'이야기톡 일상, 감성' 카드는 일상에서 있을 법한 상황이 나열된 카드이므로 일상적인 이야기를 잘 떠올리게 한다. '이야기톡 환상' 카드나 '딕싯' 카드는 초능력과 비현실적인 장면들을 담고 있다. 이런 카드로 '다섯 조각 이야기'를 하면 당연히 판타지 이야기를 만들 가능성이 많다. 그렇다고 무조건 그렇게 고정된 이야기를 만들기만 하는 것은 아니다. 때로는 현실의 어려움을 겪고 있는 사람이 '이야기톡 환상' 카드로, "당신에게 만약 초능력이 생긴다면 어떤 이야기가 펼쳐지겠습니까?"에 대한 대답을 이야기로 만들어 볼 수도 있다. 그림이 아닌 실제 사진이 들어있는 이야기카드도 있다. 카드 하나하나마다 상징성을 담고 있으니 그에 맞는 이야기를 만들게 된다.

4) 더 쉬운 다섯 조각 이야기

5~8세의 아이라면 '더 쉬운 다섯 조각 이야기' 기법으로 다가가보자. '더 쉬운 다섯 조각 이야기'는 단계별로 시작하는 접속사가 있는 방식이다. 코치가 접속사를 말할 때마다 말투와 표정을 풍부하게 하는 것을 권한다.

'더 쉬운 다섯 조각 이야기' 진행

❶ 옛날에

"옛날에 OO이가 살았어요. 누가 살았다고 해볼까?"
이야기 시작을 알리는 즐거운 표정과 말투로 말한다.

❷ 어느날

"주인공이 하고싶은 것은 뭘까?"
이야기의 에피소드를 만드는 흥미로운 표정과 말투로 말한다.

❸ 그런데

"그런데 문제가 생겼어요! (2단계의 카드를 가리키며) 어떤 어려움(문제)이 생겼을까?"
약간 미간을 찌푸리며 슬프거나 놀라운 표정과 말투로 말한다.

1. 대화의 도구, 이야기 [소통하기]　　2. 창작의 도구, 이야기 [이야기 만들기]　　3. 놀이의 도구, 이야기 [시간 즐기기]
4. 이야기톡이란　　5. 마무리

❹ 그 때
"그 어려움(문제)을 누가 / 무엇이 도와줬을까?"
반가움과 감사한 표정과 말투로 말한다.

❺ 결말
"이 이야기가 어떻게 끝나면 좋을까?."
'어떤 결말이라도 충분히 좋아'라는 편안한 표정과 말투로 말한다.

• **피노키오의 날 -7살 권하준**

옛날에	어느날	그런데	그 때	결말

   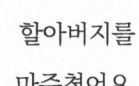 

옛날에 피노키오가 살았어요 | 어느날 피노키오는 할아버지를 만나고 싶었어요. | 그런데 피노키오가 계속 움직여서 할아버지를 못 만났어요. | 그 때 피노키오가 축구공을 찼더니 할아버지가 맞아서 할아버지를 마주쳤어요. | 그래서 피노키오는 다시 할아버지를 만났어요.

 실습

3. 스토리 코칭

'다섯 조각 이야기'를 소통의 목적으로 진행한다면 '스토리 코칭'의 개념과 기법을 알아 놓으면 도움이 된다. 스토리 코칭은 이야기꾼이 다섯 조각이야기를 만들 수 있도록 안내하고 만든 이야기를 보며 질문하고 대화를 하는 과정을 말한다. 스토리 코칭은 대화의 과정이다. 따라서 스토리 코칭을 하는 최종적인 목적은 이야기꾼에 대해서 잘 알아가는 것이다. 최근에 하고 있는 생각과 관심사, 목표 또는 욕망, 이야기꾼을 힘들게 하는 것들, 주변 사람들과의 관계나 현상에 대해 바라보는 태도 등 이야기꾼에 대해 많은 것들을 알 수 있다. 때때로 코치는 스토리 코칭을 하면서 이야기꾼이 목표를 달성하도록 돕는 역할을 할 때도 있다. '다섯 조각 이야기'의 구조에는 '이야기꾼의 목표와 예상되는 어려움, 그리고 해결방법'까지 들어있기 때문이다.

'다섯 조각 이야기'를 만들다 보면 반드시 이야기를 만든 사람(이야기꾼)의 어떠한 면이 드러나게 된다. 이 사실을 믿고 이야기꾼에게 질문을 이어가 보자. 단, 처음 '다섯 조각 이야기'를 요청할 땐 "당신의 이야기를 들려주세요"라고 하지 말고, 순수하게 새롭게 창작하는 이야기를 만들도록 요청하는 것이 좋다.

> "지금부터 재미있는 이야기를 한 편 만들 거예요. 제가 총 다섯 번의 미션을 드릴게요.
> 첫째, 내가 만들 이야기의 주인공을 골라보세요."

이야기를 다 만들면 그 이야기를 보면서 코치로서 궁금한 점들을 질문한다. 1,000회 이상 '다섯 조각 이야기'로 이야기하도록 이끌어 본 결과, 대한민국 성인의 88%는 자기 이야기(셀프 스토리)를 말한다. 분명히 코치가 "재미있는 이야기를 창작해서 만들어 보자"고 했음에도 불구하고, 나의 이야기를 만들어 낸 이야기꾼이 이야기 창작 후 헛웃음을 짓는 경우도 많다.

이야기꾼이 직접적으로 자기 이야기(셀프 스토리)를 만들지 않고 창작이야기를 만드는 경우도 있다. 사실 그게 코치가 요청했던 것이었다. 창작 이야기의 경우에도 반드시 이야기꾼의 어떠한 면이 드러나게 된다. 코치는 이 사실을 믿고 이야기꾼에게 질문을 이어가본다.

구미에서 상담소를 운영하는 류경자 소장은 내담자가 방문하면 항상 첫 시간에 '다섯 조각 이야기'를 만들게 한다. 보통은 세 번 정도 만나야 주호소문제를 알게 되는데 '다섯 조각 이야기'를 하면 첫 만남부터 주호소문제를 알게 된다고 한다.

1) 누구의 시점으로 질문할까?

3인칭 시점으로 질문하기

방어적인 이야기꾼들이 있다. 상담실에 온 청소년들의 경우 '나를 판단하게 해서는 안 된다'는 절실한 생각으로 일부러 의도를 비껴가는 피상적인 말들만 하기도 한다. 그럴 때 놀이처럼 테이블에 이야기 카드를 펼쳐놓는다. "우리 이야기 만들기 해볼거야. 선생님이 먼저 해 볼게." 그러면서 상담사가 간단히 '다섯 조각 이야기'를 들려줘 보자. 상담사 본인의 이야기보다 가벼운 창작이야기라면 더 좋다. 혹은 오늘 오전에 겪었던 다른 사람 이야기나 뉴스 기사로 뜬 연예인 이야기도 좋다. 그러면 청소년 내담자는 예상치 못한 놀이 장면 같은 상황이라 당황하면서 나도 모르게 창작 이야기를 만들지도 모른다. 그 이야기를 가지고 대화를 이어나갈 때에는 마치 문학시간에 백설공주 이야기를 분석하는 것처럼 3인칭 시점으로 지칭하며 질문하는 게 좋다.

Q. 이 주인공을 보니 어떤 생각이 드나요?

Q. (어떤 단계 하나를 가리키며) 이때 이 주인공은 어떤 마음일까요?

〈예〉 (이야기꾼) 4단계: 지나가는 박쥐들이 나를 집으로 데려다 주었습니다.

(코치) 이때 주인공은 어떤 마음일까요? / (이야기꾼) 다행이라는 마음이 듭니다

(코치) 이 주인공은 집으로 안전하고 편안하게 가고 싶어 했네요. / (이야기꾼) 맞아요

Q. 이 이야기에 나오는 등장 인물에게 해주고 싶은 말은?

Q. (2단계를 '하고 싶은 것'으로 질문한 경우) 이걸 완수하는 것이 주인공에게 어떤 의미가 있을까요?

Q. (3단계) 이것이 주인공이 하려는 일을 가장 힘들게 하는 것인가요? 아니면 다른 힘든 것들도 있나요?

| 1. 대화의 도구, 이야기 [소통하기] | 2. 창작의 도구, 이야기 [이야기 만들기] | 3. 놀이의 도구, 이야기 [시간 즐기기] |
| 4.이야기톡이란 | 5. 마무리 | |

2인칭 시점으로 질문하기

이와 반대로 이야기꾼이 '내 얘기 좀 다뤄 줬으면..' 하는 마음을 가지고 있을 때도 있다. 이야기꾼이 이야기를 다 만들자마자 스스로 "이거 제 얘긴데요?" 라고 한다. 스스로 즉시 깨닫지 못하더라도, "다 만들고 보니, 누구 얘기인 것 같아요?"라고 질문하면 짧은 탄식이 나온다. "아.. 그러고 보니 최근에 제 애인에 대해 바라는 점이 바로 이거였네요." 서로 라포가 형성되어 있는 경우, 이야기꾼이 자기 이야기를 바로 다루어주길 원하는 경우는 코치가 질문할 때 직접적으로 2인칭으로 지칭하여 질문한다.

Q. 전체 단계 중 어떤 부분에서 실제의 내가 보이나요?
Q. (3단계 내용이 '상실'의 내용이라면) 최근에 소중하게 생각하던 것을 잃은 적이 있었나요?
Q. (4단계) 이 방법을 실제로 사용해 본 적이 있으세요? 어느 정도 강력했나요?
Q. (5단계) 결말의 장면을 잠시 눈을 감고 상상해 봅시다. 어떤 감정이 드나요?
Q. 2단계에서 원하는 것이 결국 결말에서 이루어지지는 않았는데요, 그 이유는 무엇이라고 생각하나요?
Q. 전체 이야기를 만들고 보니, 나에게 해주고 싶은 말이 있다면?

2) 단계별로 어떤 질문을 할까?

'미래 '다섯 조각 이야기"는 창작 이야기가 아니라 나의 실제 이야기를 만드는 것이다. 미래 '다섯 조각 이야기'를 할 땐 이야기꾼이 <5-1-2-3-4> 순서로 말하고, 코치도 이 순서로 질문한다. 15쪽에 있는 미래 '다섯 조각 이야기'의 단계별 질문 예시를 보자. (스토리텔링 교육 놀이 2급 책에서 자세히 다룸)

1단계의 질문 주인공 | 나의 현재 모습은 어떠한가요?

2단계의 질문 주인공이 하고 있는 일	내가 미래의 어떤 결말을 위해 현재 하고 있는 일은 무엇인가요?	

3단계의 질문 예상되는 갈등	· 원하는 결말(10년 후 모습)이 되어가는 과정에 예상되는 갈등이나 문제는 무엇인가요? · 인정하고 싶지 않은 자신의 모습은 무엇입니까? · 가장 피하고 싶은 것은 무엇입니까? · 당신 앞에는 지금 어떤 벽이 가로막혀 있습니까? · 결말을 향해가는 데 현실적인 어려움은 무엇입니까? · 결말을 생각하면 방해하는 것은 무엇입니까? · 결말을 이루는 데에 가장 발목을 잡는 것은 무엇입니까? · 당신의 에너지를 빠지게 하는 것은 무엇입니까? · 진짜 방해물은 무엇입니까? · 실행을 가로막는 자신의 부정적인 습관이나 사고방식은 무엇입니까? · 개인적으로 안고 있는 어려움은 무엇입니까? · 해결해야 할 사람(조직)은 누구이며, 그것은 어떤 문제입니까?

4단계의 질문 해결 방법	· 이 상황에서 당신이 선택할 수 있는 것들은 무엇이 있을까요? · 현실적인 어려움에도 불구하고 시도해 볼 수 있는 것들은? · 현재 상황에서 당신이 할 수 있는 것들은 무엇이 있을까요? · 가장 효과가 있을 것으로 생각되는 것은? · 그 중 가장 먼저 시도해 볼 수 있는 것을 한 가지 선택한다면? · 이 일에 관해 당신이 갖고 있는 정보는 무엇입니까? · 당신이 필요한 해결책을 어디서 찾을 수 있습니까? · 누구에게 조언을 구하면 좋을까요? · 10년 뒤 성공한 자신이 이번 일에 대해 조언을 해 준다면? · 존경하는 사람이 대안을 제시한다면?

1. 대화의 도구, 이야기 [소통하기]   2. 창작의 도구, 이야기 [이야기 만들기]   3. 놀이의 도구, 이야기 [시간 즐기기]
4. 이야기톡이란   5. 마무리

3) 다섯 조각이야기의 심화

카드를 아래로 배치하기

이야기꾼을 깊이 알아가거나, 이야기꾼의 목표 달성을 돕기 위해 스토리코칭의 심화, 즉 '다섯 조각 이야기'의 심화 기법을 알아보자.

질문을 통해 세부적인 내용이 더 채워지면 코치 또는 이야기꾼 누구나 어울리는 카드를 더 채울 수 있다. 이 때에는 일렬로 배치한 카드의 아래쪽으로 카드를 더 채워 5단계 구조를 무너뜨리지 않도록 한다.

주인공	하는 일	문제	해결	결말
	하는 일의 추가	문제의 추가	해결의 추가	
			해결의 추가	

주인공 먹기를 좋아하는 한 학생이 있었다.
하는 일 그 학생은 고등학교 진학 결정을 앞두고 있다.
문 제 부검전문의와 중학교 교사 중에서 진로를 정하고 싶은데 원하는 것을 이룰 수 있을까 고민하고 있다. 체중이 늘어나는 것도 고민이다. 친구들 앞에서는 가면을 쓰고 살고 있다.
해 결 진로를 고민하는 시간보다 그 시간에 주어진 것을 더 열심히 해서 원하는 것을 이룰 것이다. 그리고 운동을 하여 체중관리를 한 후 맛있는 음식을 조절하여 먹을 수 있게 되었다. 친구들 앞에서는 속시원하게 말하고 싶다. 그러고 나면 편안해질 것 같다. 있는 그대로 표현해야겠다.
결 말 친구들의 위로와 도움을 받을 수 있어 관계가 더욱 돈독해질 것이다. 당장 진학은 어떻게든 선택을 할 것이고 결국에는 내가 원하는 삶을 살게 된다.

4. 이야기와 문제 해결력

이야기에는 갈등이 있고 그 갈등을 해결하는 방법이 등장한다. 이런 '갈등-해결' 구조를 많이 접한 사람, 즉 책을 많이 읽은 사람은 그렇지 않은 사람에 비해 어떤 큰 자산을 갖고 있을까? 다양한 상황에서 문제를 해결할 수 있는 아이디어들을 갖고 있다. 따라서 문제 해결력, 회복 탄력성을 기르려면 책을 많이 읽으면 도움이 된다.

책 10권 읽는 것 vs 책 5권 읽고 이야기 1번 만드는 것

그렇다면 '책을 10권 읽는 것'과 '책을 5권 읽고 이야기를 1편 만드는 것' 중에는 어떤 것이 문제 해결력을 높이는 데 도움이 될까? 나는 책 5권 읽고 이야기를 1번 만드는 것에 한 표를 던진다. 보건복지부에서 발간한 '대한민국 청소년독서 진흥법'에 대한 토론 자료를 보면 교과서 위주의 독서가 분석, 추리, 비판, 창의적 문제 해결 능력을 저해할 수 있음을 지적하는 내용이 있다. 이는 독서와 함께 창의적인 활동, 예를 들어 이야기 만들기와 같은 활동이 문제 해결 능력 향상에 도움이 될 수 있음을 암시한다. 내가 습득한 문제 해결 방법을 머리 속에 넣어놓기만 하면 그 중 몇가지는 쉽게 잊혀질 수 있다. 그에 반해 내가 습득한 문제 해결 방법으로 이야기 창작 활동을 하고 책을 만들면 그 내용은 쉽게 잊기 어렵다. 나아가 내 삶에서 그와 비슷한 문제가 발생했을 때 실제 해결 방법으로 대입해 볼 가능성이 많아진다. 능동적이고 주도적으로 나에게 어울리는 문제 해결 방법을 내 것으로 만드는 것이다. 또한 이야기 창작의 결과물을 주변 사람들에게 보여주어서 피드백을 받고 더 정교하게 다듬어나갈 수도 있다.

이야기 분석하기

이야기를 만들면서 문제 해결력을 기르기 위해서는 먼저 이야기를 분석할 줄 알아야 한다. 우리는 이야기꾼이 만든 '다섯 조각 이야기'를 보고 이야기를 분석해볼 것이다. '다섯 조각 이야기'에서 3단계를 보고는 이야기꾼이 평소에 스트레스를 받는 종류를 파악해본다. 4단계를 보고는 이야기꾼이 일상에서 발생하는 갈등상황, 문제를 해결하는 패턴을 파악해본다.

가능하면 처음 만든 이야기를 보고 바로 분석하지 말고 스토리 코칭만 하기를 권한다. 여러 회차를 진행했는데 같은 패턴으로 나온 것을 보고 의미있는 분석이 가능하다고 하면? 그때도 코치가 단정지어서 말해주기 보다는 "당신은 당신이 만든 이야기를 보니 어떤 생각이 드세요? 무엇이 떠오르세요?" 라고 질문을 해 보자. 스스로

"아, 저는 이러이러한 것에 주로 스트레스를 받는군요" "저는 대체로 혼자 끙끙대며 해결하는 경향이 있네요." "저는 주로 누군가 도와주는 사람이 있네요" 라고 스스로 찾아낸다면 더할 나위 없이 좋다.

1) 3단계로 문제 패턴 분석하기

'다섯 조각 이야기'의 3단계에서는 갈등 상황, 어려움을 만들어야 한다. 한 이야기꾼이 5회 이상 이야기를 만들 때 같은 패턴의 '문제'를 만들어낸다면? 그 사람은 일상에서 스트레스를 받는 요인, 어려움을 느끼는 것들이 그 패턴일 가능성이 높다. '문제(갈등,스스트레스)'는 다음 기준에 따라 분류할 수 있다.

> **문제(갈등, 스트레스)의 분류**
>
> **1. 갈등 발생지에 따른 분류**
>
> **(1) 내부적 문제**
>
> - 개인적 문제 : 태도(나태함, 열정부족 등), 감정 (두려움,불안함 등), 신체적 문제, 자원부족, 선천적 어려움 등
>
> **(2) 외부적 문제**
>
> - 장애물 : 2단계(사명)에서 하려는 일을 가로막는 장애물이 나타남
>
> - 주인공 신상 변화: 주인공이 그 일을 적극적으로 하는 것을 못 하도록 외부적인 어려움이 생김
>
> - 사명의 부재: 2단계(사명)에서 하려는 일 자체가 없어짐

2) 4단계로 문제 해결 패턴 분석하기

'다섯 조각 이야기'의 4단계에서는 반드시 문제를 해결해야 한다. 한 이야기꾼이 만든 이야기에서 5회 이상 반복적으로 같은 패턴이 나온다면? 그 사람은 일상에서 그 패턴으로 문제에 대응했을 때 성공해본 경험이 많다고 봐도 좋다. 우리가 떠올리는 방법들은 내 아버지가 일상 속 문제를 해결했던 방법, 책이나 영화에서 본 것, 좋아하는 선배가 말해준 것을 넘어서기 어렵다. '문제 해결(대응)'은 다음 기준에 따라 분류할 수 있다.

> **문제해결(대응)의 분류**
>
> **1. 대응의 주체에 따른 분류 *던햄(1983)**
>
> **(1) 내부적 대응**
>
> - 개인적 자원 : 작업전략, 긍정적 태도, 업무 외 활동
>
> **(2) 외부적 대응**
>
> - 대인적 자원 : 친구나 가족에게 지지를 받는 것, 사회 생활을 즐기는 것, 문제를 놓고 이야기하는 것
> - 조직적 자원 : 시스템과 훈련과정으로부터 지원을 받는다. 외부의 전문적인 도움을 받는다. (사용빈도 낮지만 매우 큰 지지가 됨)
> - 환경적 자원 : 작업환경, 지역사회나 공동체에서 해결해 주어야 할 것
>
> **2. 시간의 흐름에 따른 분류 *파얼린과 스쿨러(1978)**
>
> (1) 위기 이전에 대응할 수 있는 것 (예상)
>
> (2) 위기 중에 대응할 수 있는 것 (위기관리)
>
> (3) 위기 후에 대응할 수 있는 것 (완충)
>
> **3. 개입 정도에 따른 분류**
>
> (1) 능동적
>
> (2) 수동적
>
> **4. 독창적인 대응**

내부적 대응(문제 해결)

• 별을 찾아서 - 25살 이효진

내가 살고 있는 곳은 예쁜 울타리가 있는 곳이다. 부엌에서는 연기도 나고 강아지도 있고 있을 건 다 있다. 나는 정장을 차려입고 울타리 밖을 나선다. 하지만 난 게으르고 술을 좋아하고 무섭다. 사람들의 비난을 견디지 못하는 것이 나를 방해한다. 그럼에도 나는 나를 사랑하고 스스로 책을 읽고 먼저 간 사람들과 함께 할 것이다. 그러다 보면 옷은 누더기가 될지언정 나는 기쁜 마음으로 별을 향해 뚜벅뚜벅 나아가고 있을 것이다. 언젠가는 내 가슴에 훈장처럼 별이 달려 있고, 나를 따라오는 사람들이 있을 것이다.

'나는 나를 사랑한다, 스스로 책을 읽는다'는 것은 내 자존감을 높이고 나의 역량을 키우는 식으로 나의 노력으로 문제를 해결하는 방법이다. 먼저 간 사람들과 함께 한다는 말이 있지만, 외부에서 나에게 손을 내밀어 함께 하는 의미보다는 나의 노력으로 그들의 무리에 들어간다는 의미가 강하다.

외부적 대응(문제 해결)

• 깨비가족의 의미있는 시간 - 32살 윤태호

주인공은 도깨비이다. 도깨비는 딸과 마작을 즐기고 있다. 그런데 밖에 시끄러운 소리가 들리고 이것저것 해야 할 다른 잡무가 많아서 마작에 집중할 수 없다. 그 때 누군가 나타나 설거지 등 잡무들을 말끔히 해준다. 그리하여 마작 게임을 하는 것에 집중해 재밌고 의미 있는 시간을 보낼 수 있었다. 우리만 할 수 없지! 엄마와 아들도 함께 게임하며 하하호호 시간을 보내야지!

누군가가 나타나서 잡무를 말끔히 해결해주는 것은 '외부적인 문제 해결' 중 '대인적 자원'을 이용하는 방법이다.

독창적인 대응(문제 해결)

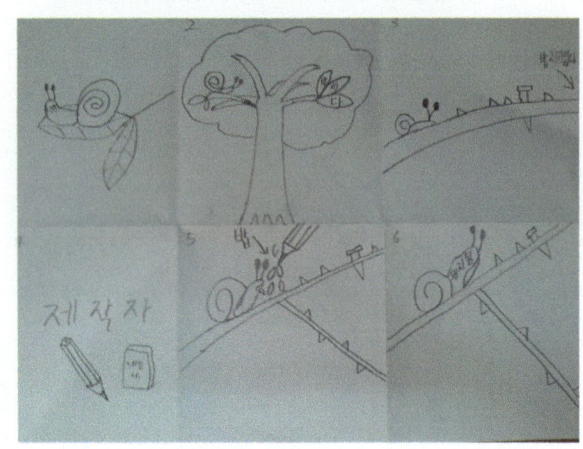

• 배고픈 달팽이 - 중학교 1학년 윤성빈

옛날에 달팽이가 살았다. 달팽이는 저쪽 너머의 나뭇잎을 먹고 싶다. 그런데 나뭇잎까지 가는 길에 뾰족뾰족한 것들이 많다. 제작자인 내가 나서야겠다. 뾰족한 못 앞에 달팽이가 먹을 수 있는 밥을 그려줘야지. 이 달팽이는 너무 많이 먹어서 돼지가 되었다.

내부적인 문제 해결, 외부적인 문제 해결 둘 다에 속하지 않는 해결 방법이다. 이 이야기를 만든 중학교 1학년 윤성빈 본인이 해결한다는 것으로 독창적인 해결 방법이라고 볼 수 있다.

3) 문제 해결력을 높이는 이야기 창작 커리큘럼

'다섯 조각 이야기'를 분석하는 것은 심리테스트처럼 재미있다. 하지만 이것을 단순히 진단하기 위해서 사용하는 것은 위험하다. 2~10차시 커리큘럼 또는 단계적 상담과 코칭으로 진행하는 것이 좋다.

문제 해결력을 높이는 이야기 창작 커리큘럼의 목적은 무엇이 되어야 할까? 첫째, 나의 문제 해결 패턴 알아차리기이다. 내가 사용해 봤을때 효과가 있었던 방법, 나에게 어울리는 방법을 잘 알고 꺼내 쓸 수 있게 된다. 둘째, '문제 해결의 방법은 아주 많다'는 사실을 인정하는 것이다. 그렇다면 실제의 스트레스 상황에서 여러 방법 중 하나를 바로 택할 수 있게 된다. 내가 주로 성공하는 패턴과 새로운 패턴 모두를 자유롭게 떠올리고 사용할 줄 아는 사람이 되길 바란다. 최종적으로, '나는 문제가 와도 두려워하지 않고 언제나 해결할 수 있는 사람'이라는 믿음을 가지게 된다. 다시 말해보자. 나는 어떤 문제가 와도 해결할 수 있는 힘을 가졌다!

문제 해결력을 높이는 커리큘럼을 세 가지 제시한다.

1. 대화의 도구, 이야기 [소통하기]   2. 창작의 도구, 이야기 [이야기 만들기]   3. 놀이의 도구, 이야기 [시간 즐기기]
4. 이야기톡이란   5. 마무리

문제해결 아이스브레이킹

1) 문제를 정한다. 시간에 5분 먼저 도착하는 방법

2) 이야기톡 카드 5~20장을 뒷면이 보이도록 일렬로 놓는다. 카드장수는 활동시간에 따라 달라지며 모둠이 함께 하는 경우 모둠의 n배수로 카드 수를 정한다.

| 뒷면 | 뒷면 | 뒷면 | 뒷면 | 뒷면 | 뒷면 | … |

3) 한 사람이 한 장씩 카드를 뒤집으며 카드와 어울리는 해결 방법을 말한다.

메모를 한다. | 모든 사람에게 선전포고를 한다. 내가 늦을 시에 여기 있는 음식을 다 쏘겠다. | 전날 스케줄표를 한번 더 확인하고 관리한다. | 여기저기 흩어져 있는 옷가지나 준비물을 미리 챙겨놓고 잔다 | 가고자 하는 목적지의 최적의 경로를 미리 알아 놓는다. | 마음의 주문을 걸고 계속 떠올린다.

뒷이야기 채우기 (모둠 진행)

1) 모둠 구성원에게 하나의 '다섯 조각 이야기'에서 1~3단계까지만 보여준다.

2) 구성원은 각자 위 이야기를 잇는 4,5단계 이야기를 만든다.

3) 각자 만든 이야기들을 모둠 구성원 앞에서 발표한다.

3) 다른 사람이 만든 이야기의 문제 해결 패턴을 함께 분석한다.

4) 하나의 문제에도 다양한 방법들이 있다는 것으로 대화를 나눈다.

다른 패턴 이야기 만들기

1) 내가 만든 '다섯 조각 이야기'를 분석한다.

2) 1~3단계는 그대로 두고, 4단계에서 사용해보지 않은 문제 해결 패턴의 이야기를 만들어본다.

3) 새로운 패턴을 일상에서 접목한다면 어떤 방법이 있는지 실사례를 말해본다.

4) 코치와 대화를 나눈다.

Q : 내가 비슷한 ㅇㅇ의 패턴을 주로 사용했던 이유는?

 A : △△의 경험이 있었는데 그 때 이 방법으로 성공을 했다 등

1. 대화의 도구, 이야기 [소통하기] 2. 창작의 도구, 이야기 [이야기 만들기] 3. 놀이의 도구, 이야기 [시간 즐기기]
4. 이야기톡이란 5. 마무리

02

창작의 도구, 이야기
이야기 만들기

쉽게 이야기를 만드는 3가지 방법
1. 시간흐름에 따른 이야기
2. 인과관계가 있는 이야기
3. 갈등-해결 구조의 이야기

- 이야기 이어 창작하기의 성장 단계
- 와이질문 이야기 만들기 활동지

스토리텔링 교육놀이 3급

02 | 창작의 도구, 이야기

쉽게 이야기를 만드는 3가지 방법

1. 시간 흐름에 따른 이야기

이야기 만들기가 어렵다고? 가장 쉽게 이야기를 만드는 3가지 방법을 제시하고자 한다. 이야기카드를 활용했지만, 이야기카드가 없더라도 주변 사물을 활용해서도 해볼 수 있다. 카드를 제공하는 방식은 [앞면 펼쳐놓기] 또는 [나눠주기] 두 가지 방식 모두 가능하다.

앞면 펼쳐놓기 모든 카드를 앞면이 보이도록 펼쳐놓고 이야기꾼이 원하는 카드를 선택하기
나눠주기 그림이 보이지 않는 상태에서 이야기꾼에게 3장의 카드를 무작위로 나눠주기

한 장씩 카드를 보여주면서

Q. 이 카드는 어떤 그림이니? 아기가 놀고 있어요.
Q. 그 다음에는 무슨 일이 일어났을까? 언니와 오빠가 학교에 갔어요.
Q. 그 다음에는? 아빠는 늑대를 만났어요.

세 장의 카드를 한꺼번에 주면서

Q. 어제 무슨 일이 있었어? 오늘 무슨 일이 일어날까? 내일은?
Q. 아침, 점심, 저녁에 일어난 이야기를 만들어 볼까?
Q. 너의 과거, 현재, 미래가 어떤지 들려 줄래?

예시)

아기가 놀고 있고
언니와 오빠는 학교에 가고
아빠는 늑대를 만났어요.

1. 대화의 도구, 이야기 [소통하기] 2. 창작의 도구, 이야기 [이야기 만들기] 3. 놀이의 도구, 이야기 [시간 즐기기]
4. 이야기톡이란 5. 마무리

 실습

2. 인과관계가 있는 이야기

'인과관계'라는 단어는 어렵지만 이런 구조의 이야기는 어린 아이들에게도 익숙하다. '~해서 ~하다'의 형태는 모두 원인과 결과가 있는 구조이기 때문이다. 가이드를 주지 않았는데도 인과관계가 있는 이야기를 만들었다면 '시간 흐름에 따른 이야기'보다 더 발전된 이야기를 만든 것이다. '시간 흐름에 따른 이야기'를 만든 카드와 같은 카드를 제공해도 좋고, 새로운 카드로 해도 좋다.

Q. (원인, 결과의 뜻에 대한 설명을 한 후)"~해서 ~하다" 형태로 이야기를 만들어볼까?
Q. "~기 때문에 ~일이 일어났다." 형태로 이야기를 만들어보자.
Q. 먼저 그림 하나를 설명해봐. (대답) 그 일은 왜 일어났을까?

예시)

언니와 오빠가 아기를 방에 놔두고 가서
아빠는 깜짝 놀랐어요

1. 대화의 도구, 이야기 [소통하기]   2. 창작의 도구, 이야기 [이야기 만들기]   3. 놀이의 도구, 이야기 [시간 즐기기]
4. 이야기톡이란   5. 마무리

 실습

3. 갈등-해결 구조의 이야기

'갈등'은 이야기에서 중요한 요소이다. 갈등이 있는 이야기를 만들었다면 동화, 소설 등 구조가 있는 이야기를 많이 접한 학생일 것이다. 갈등의 장면에서 관객은 '저러면 안 되는데..', '그 다음은 어떻게 되는 거지?'와 같은 호기심의 마음이 든다. 따라서 손에 땀을 쥐게 하는 갈등 구조를 만들어낼수록, 주인공에게 감정이입을 하게 할수록, 흥미를 가지고 집중하게 할수록 이야기를 잘 만든 것이다. 초등 저학년의 경우, '갈등, 방해' 등의 단어가 어려울 수 있으니 더 쉬운 용어로 안내하면 유아도 충분히 갈등 구조를 잘 만들 수 있다. 앞서 이야기를 만든 카드와 같은 카드를 제공해도 좋고, 새로운 카드로 해도 좋다.

Q. 주인공에게 어떤 어려움이 생겼을까?
Q. 주인공은 누구랑 싸웠을까?
Q. 주인공을 누가 괴롭혔어?
Q. 주인공을 방해한 것은 무엇일까?
Q. 손에 땀을 쥐게 하는 문제 상황을 만들어봐.

예시)

아기가 분유를 먹다가 장난감을 먹으려고 합니다. 큰일이에요!
다행이 그걸 삼키지 않았고 그 아기는 지금 학생이 되었어요.

1. 대화의 도구, 이야기 [소통하기]　　2. 창작의 도구, 이야기 [이야기 만들기]　　3. 놀이의 도구, 이야기 [시간 즐기기]
4. 이야기톡이란　　5. 마무리

 실습

▪'이야기 이어 창작하기'의 성장 단계

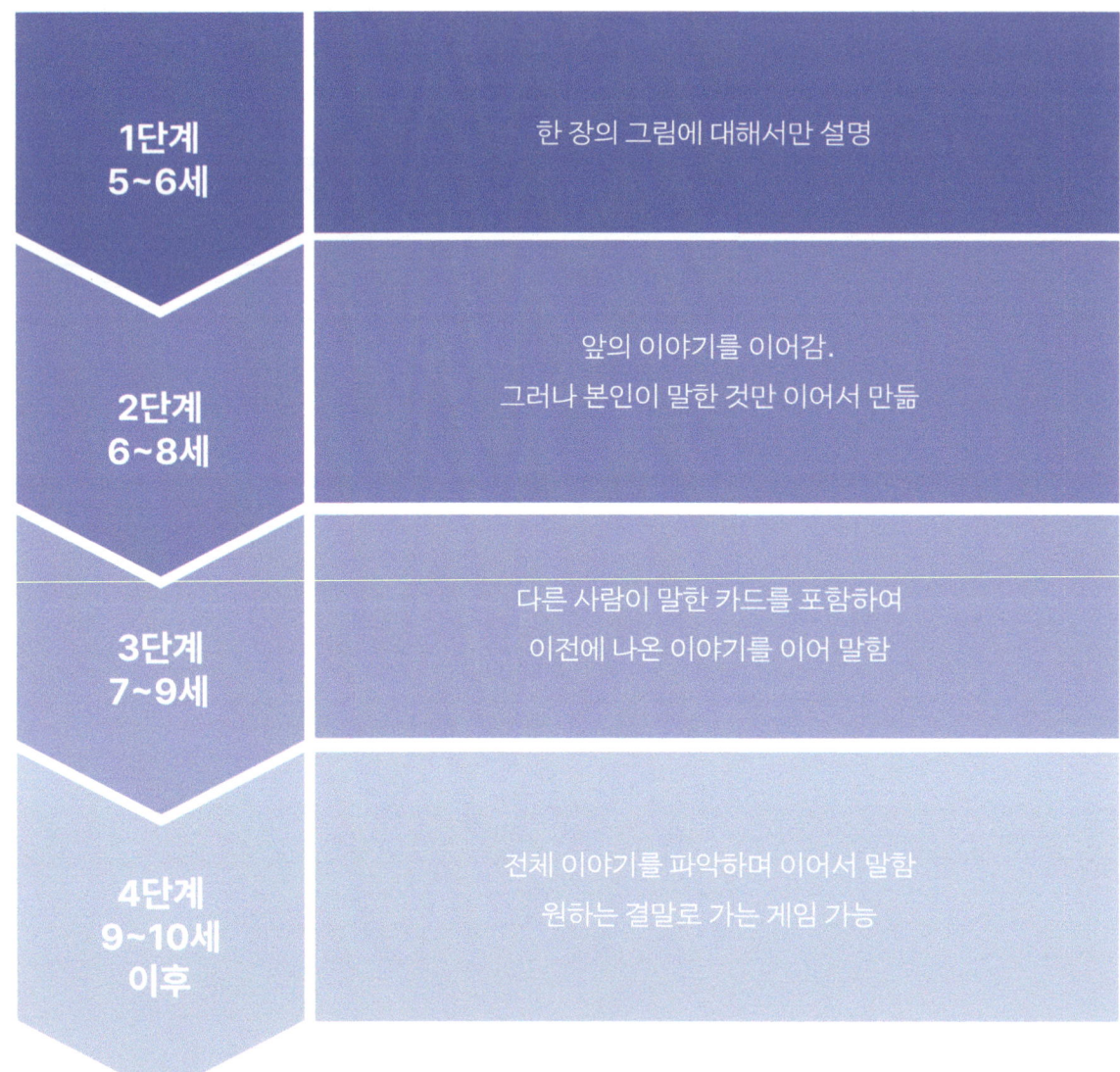

1단계 5~6세	한 장의 그림에 대해서만 설명
2단계 6~8세	앞의 이야기를 이어감. 그러나 본인이 말한 것만 이어서 만듦
3단계 7~9세	다른 사람이 말한 카드를 포함하여 이전에 나온 이야기를 이어 말함
4단계 9~10세 이후	전체 이야기를 파악하며 이어서 말함 원하는 결말로 가는 게임 가능

1. 대화의 도구, 이야기 [소통하기]　　2. 창작의 도구, 이야기 [이야기 만들기]　　3. 놀이의 도구, 이야기 [시간 즐기기]
4. 이야기톡이란　　5. 마무리

▪ 와이질문 이야기 만들기 활동지

'이야기를 만들고 소통하고 시간을 즐기는 33가지 방법' 48쪽에 놀이 방법이 있습니다.

💬 **질문하기**

💬 **원인 추측하기**

💬 **결과 추측하기**

💬 **이야기**

41

03

놀이의 도구, 이야기
시간 즐기기

1. 놀이의 특징
2. 놀이의 종류
3. 놀이와 이야기의 공통점

스토리텔링 교육놀이 3급

03 | 놀이의 도구, 이야기

1. 놀이의 특징

2. 놀이의 종류

3. 놀이와 이야기의 공통점

1) 갔다가 돌아오기 = 모험을 할 수 있는 가장 안전한 장치

세상에 재미있는 이야기는 모두 '갔다가 돌아오기' 구조이다. 집을 떠났다가 다시 집으로 돌아오는 것이다. 반지의 제왕, 오즈의 마법사 등도 모두 원래 살던 곳에서 떠났다가 다시 돌아오는 이야기이다. 이때 떠난다는 것은 진짜 살고 있는 집을 떠나는 것일 수도 있고 은유적으로 안정된 세상을 떠나는 것일 수도 있다. 주인공은 편안하고 익숙한 집을 떠날 수밖에 없는 '문제'를 맞닥뜨린다. 주인공은 그 문제를 해결해야하는 상황에 처하게 되는데, 주인공에게 이른바 '소명'이 생기는 것이다.

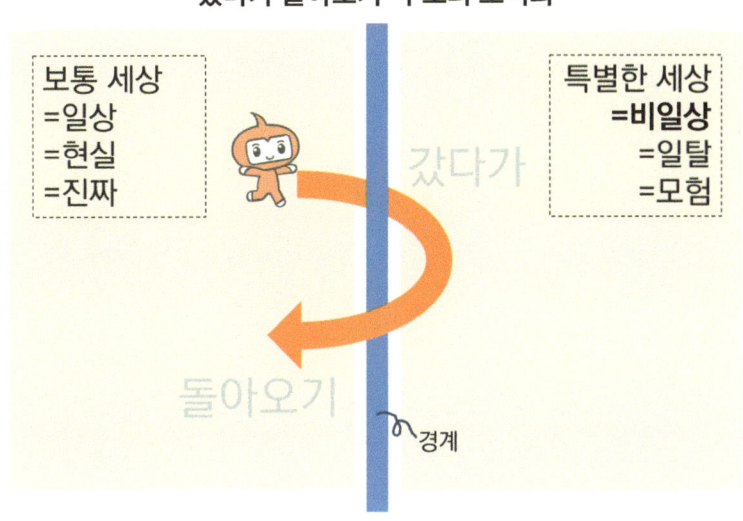

그렇게 돌아온 나는 떠나기 전의 나와 달라져 있다. 어떻게 달라져 있을까? 성장했고 깨달음을 얻었고 성숙해졌다. 일상의 세계에만 있을 땐 매일이 똑같다. 그렇지만 일탈의 세계, 모험의 세계로 들어가서 새로운 경험을 하고 다시 돌아왔을 때는 나는 그 전의 나와 달라져 있다.

이 구조는 인간이 받아들이는 가장 쉽고 강렬한 형태의 놀이와 동일하다고 한다. 숨바꼭질을 생각해보자. 숨어 있는 동안 잠시 일탈을 경험하고 다시 일상으로 돌아온다. 정확하게 '갔다가 돌아오기'이다. 전쟁놀이를 하는 동안은 현실의 내가 아니라 놀이 속 역할을 가진 내가 된다. 그 놀이에서 진다고 해서 참혹한 일이 벌어질까? 그렇지 않다. 그래서 놀이는 현실을 모방하여 미리 시뮬레이션해볼 수 있는 가장 안전한 장치이다. 놀이를 하면서도 언제든 그만두고 다시 돌아갈 곳이 있다는 믿음이 있다. 그 안전한 장치에서 우리는 경쟁을 하면서 이겼을 때의 성취감 뿐만 아니라 졌을 때의 굴욕감, 답답함, 억울함, 오기도 느껴봐야 한다. 협동도 해보고 전략을 세워 상대팀을 배신해 보기도 해봐야 한다. 놀이를 통한 경쟁을 하는 것이 이렇게 커다란 순기능이 있는데 현재 교육 현장에서 경쟁이 있는 활동을 배제하고 있다는 소식이 들려서 안타깝다.

인간은 언제부터 생존과 상관없는 '놀이'를 할 수 있을까? 생후 6개월부터이다. 아기들이 즐거워하는 '까꿍' 놀이를 보자. '엄마 없다' 하다가 '짠!' 하고 엄마가 다시 돌아오는 놀이는 가장 단순한 형태의 '갔다가 돌아오기' 놀

영웅의 여정 - 조지프캠벨 [천의 얼굴을 가진 영웅]

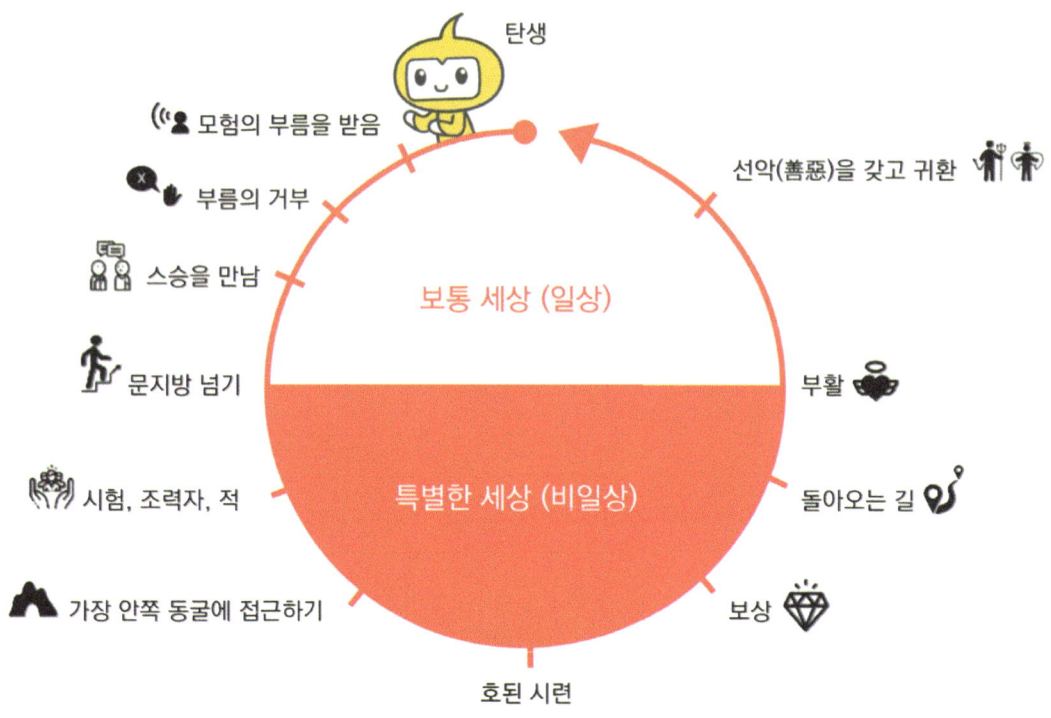

이이다. 아기들은 잠시 일탈을 경험하고 다시 엄마가 있는 안정된 세계로 돌아오는 걸 놀이로 받아들인다.

이야기에서의 '갔다가 돌아오기 구조'는 우리에게 중요한 화두를 던진다. 인간이 성장하는 단계를 그래프로 그려보면 직선으로 정비례하듯이 성장하는 게 아니라, 계단식으로 성장한다. 평평한 디딤바닥에서 지내다가 특별한 계기가 주어졌을 때 다음 계단으로 올라간다. 그 계기는 바로 일상을 벗어난 일탈의 경험, 저쪽 너머의 세계로 갔다가 돌아온 경험이다.

2) 서사 창의력 (narrative creativity)

이야기를 만들려면 인물을 창조하고, 갈등을 조성하며 그 갈등을 해결할 방법을 강구해야 한다. 이렇게 이야기를 만드는 과정에서 길러지는 독창적이고 능동적인 문제 해결 능력을 '서사 창의력'이라고 한다. 놀이를 할 때도 창의력이 필요하다. 숨바꼭질을 할 때 매번 동일한 장소에 숨으면 들킬 가능성이 많다. 그래서 새로운 장소를 찾고, 조심스러운 발걸음을 연습하고, 술래의 주의집중을 방해하는 전략을 짜야 한다. 이것이 창의력이다. 다시 말해 많이 놀면 창의력이 쑥쑥 길러진다.

더 창의적으로 이야기를 만들기 위해서, 더 창의적으로 놀이하기 위해서는 어떤 연습을 해야 할까? 길포드가 제안한 창의력의 구조모형을 참고해서 세분화시켜 연습할 수 있다. 이것은 <스토리텔링 교육 놀이 1급> 과정에서 더욱 자세히 다룰 예정이다.

유창성	융통성	독창성	정교성
- 많은 것을 연상하기 - 많은 해결방안 제시	- 관련 없는 것 관련짓기 - 다각적 아이디어, 해결책 제시 - 발상전환	- 새로운 개념 도출 - 다른 사람과 같지 않은 생각하기	- 거친 수준의 생각을 구체화하기 - 아이디어 발전시키기

※ 길포드(1967)가 제안한 창의의 구조모형 중

3) 문제 해결력

'갔다가 돌아오기'에서도 말한 것처럼, 이야기의 줄거리를 만드는 과정은 문제가 생기고 그 문제를 해결하는 과정이다. 이야기는 가상의 시뮬레이션을 통해 문제를 해결하는 것이라면, 우리 인생은 진짜 문제를 해결하는 과정이다. 인생은 우리가 가진 소재거리(자산)로 이야기를 만들어가면서(인생을 살아가면서) 우리 앞에 닥친 문제를 풀어가는 것 자체이다.

놀이를 하면서도 모험의 세계로 갔다가 다시 돌아올 때 문제를 해결해야만 돌아올 수 있다. 숨바꼭질에서는 술래가 숨어있는 친구를 찾아야 다시 돌아올 수 있다. 끝까지 찾지 못할 때 "못 찾겠다 꾀꼬리"라고 외치는 것으로 문제를 해결하는 장치도 있다. 놀이와 모험의 세계에서 일상의 세계로 돌아가기 위해 이런 식의 장치를 마련해 놓은 예는 수없이 많이 찾을 수 있다. 이렇게 놀이를 하다 보면 문제해결을 하는 규칙을 만들고 그 규칙을 따르고 나만의 방법으로 문제를 해결하는 연습을 하게 된다.

04

이야기톡이란

1. 이야기 화소(話素)를 통계적으로 나열함
2. 현실적인 소재
3. 이야기가 있을 법한 그림
4. 아름다운 일러스트
5. 유연한 해석과 활용이 가능한 그림

스토리텔링 교육놀이 3급

04 | 이야기톡이란

이야기톡은 와이스토리에서 2년간의 연구 개발 기간 동안 이론적 명확성에 근거하여 문학, 교육, 융합, 진로 분야의 전문가들이 함께 개발한 스토리텔링 그림카드이다. 이야기톡 그림카드는 현실의 소재를 중복됨 없이 빠짐없이 나열했다는 중요한 특징 덕분에 여러 분야에서 활용하고 있다.

1. 이야기 화소(話素)를 통계적으로 나열함

물질을 이루는 기본을 '원소', 음악의 기본을 '음소'라고 한다. 이야기를 이루는 기본 단위를 '화소(話素)라고 한다. 이야기톡 카드는 세상의 모든 이야기를 만들 수 있는 이야기의 기본단위가 되는 화소(話素) 카드를 만들자는 생각에서 출발했다. 세계인이 좋아하는 영화 200편, 드라마 30편, 초중고 전 교과목의 교과서, 이 세 가지를 출처로 하고 있다. 이 출처에서 4만여 가지의 이야기 화소(話素)를 추출한 후, 중복성이 나타난 비율대로 80장의 카드 그림에 반영했다. 이렇게 이야기톡은 매우 통계적인 방법으로 개발한 카드이다. 이 개발원리 때문에 무작위로 한 장을 뽑았을 때에도 최근 나의 고민, 내가 원하는 것, 나에게 있었던 일 등을 재미있게 맞힐 수 있는 상황이 연출되기도 한다. 또한 이런 원리 때문에 성인지 감수성 등에서 불편한 그림이 나오기도 하는데 오히려 이것을 활용해서 교육자료로 쓸 수 있다.

1. 대화의 도구, 이야기 [소통하기]	2. 창작의 도구, 이야기 [이야기 만들기]	3. 놀이의 도구, 이야기 [시간 즐기기]
4. 이야기톡이란	5. 마무리	

2. 현실적인 소재

최초에 개발된 A.일상(Daily Life), B.감성(Special Days) 테마는 현실에서 일어날 법한 소재로만 그려져 있다. 다만 C.환상(Fantasy)를 포함하여 향후 나올 확장판은 위와 같은 개발원리이지만 비현실적인 소재가 될 수 있다.

3. 이야기가 있을 법한 그림

유아용 사물 카드처럼 배경 없이 말하는 메시지를 1:1로 보여주는 그림이 아니다. 사진이나 그림책과 같이 현실의 한 장면에서 프레임을 갖다 대어 딱 떼어낸 것과 같다. 또한 같은 상황이라도 상상을 자극하도록 '이야기가 있을 법하게' 그려졌다. 예를 들어 사람이 두 명 있는 장면에서도 한 명이 앞에, 나머지 한 명은 뒤에 있으며 표정은 애매하다. 무엇을 말하는지 알 수 없는 표정, 남녀 구분이 명확하지 않음 또한 이런 이유에서 의도적으로 그렇게 그려졌다.

4. 아름다운 일러스트

이야기톡의 일러스트는 전문 그림작가(문지나 분)가 그린 것으로, 그 퀄리티가 높기 때문에 참가자들이 호기심과 호의를 가지고 접근한다. 실제 활용해 보면 이것이 아주 큰 특징이 된다.

5. 유연한 해석과 활용이 가능한 그림

이야기톡은 한 장의 그림카드에 평균 40가지의 이야기 화소(話素)를 담았다. 따라서 이야기톡은 한 장의 그림을 보고 3~4가지의 상황을 떠올리고 연결시킬 수 있다. '이 그림은 무엇을 나타내는 것인가요?'라고 질문을 하면, '네가 보고 느끼는 만큼 생각하고 표현하면 돼.'라고 말해준다.

최초의 활용 방법은 승패가 있는 보드게임 룰로 존재했으나, 이후 상담, 이야기 창작, 진로지도, 대화의 도구 등 다양한 분야에서 활용되고 있다.

05

마무리

1. 알고 있으면 좋은 사이트
2. 추천도서
3. 저작권

스토리텔링 교육놀이 3급

04 | 마무리

1. 알고 있으면 좋은 사이트

▶ 네이버에서 와이스토리를 검색하세요!

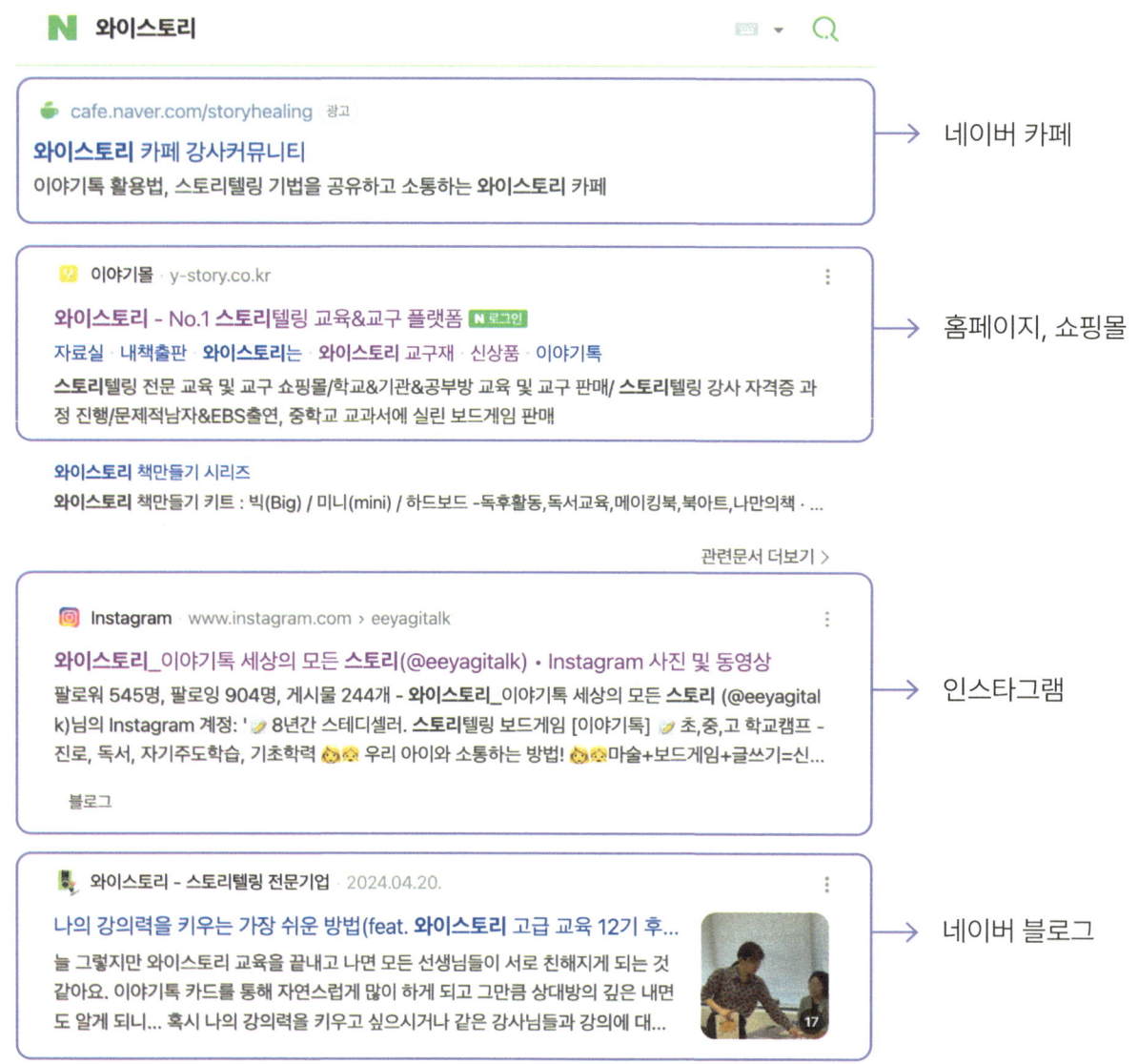

- 네이버 카페
- 홈페이지, 쇼핑몰
- 인스타그램
- 네이버 블로그

- **홈페이지 및 쇼핑몰**

- 이야기톡 제품을 판매하는 공식 쇼핑몰이자, 홈페이지입니다.
- 홈페이지 링크 : https://y-story.co.kr

1. 대화의 도구, 이야기 [소통하기]   2. 창작의 도구, 이야기 [이야기 만들기]   3. 놀이의 도구, 이야기 [시간 즐기기]
4. 이야기톡이란   5. 마무리

- **네이버 카페**

- 다양한 읽을거리와 정보를 확인할 수 있는 카페입니다.
- 카페 링크 : https://cafe.naver.com/storyhealing

- **네이버 블로그**

- 다양한 읽을거리와 소식, 칼럼을 만날 수 있는 블로그입니다.
- 블로그 링크 : https://blog.naver.com/y-story

▶ **유튜브에서 와이스토리를 검색하세요!**

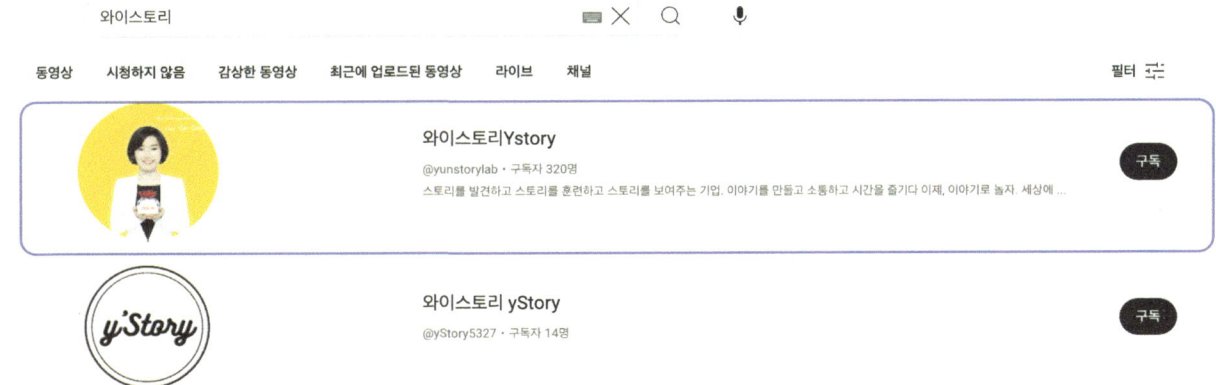

- 와이스토리의 다양한 영상을 확인할 수 있는 와이스토리 공식 유튜브 채널입니다.

▶ **주소창에 바로 입력하세요!**

- 교육후기.com : 여러분께서 강의하신 후 교육생 후기를 모을 때 사용
- 문제적남자.com : 문제적남자 방송영상으로 바로 넘어감
- 최종면접.com : EBS최종면접 방송영상으로 바로 넘어감
- 스토리텔링지도사.com : 교육일정 보기 및 교육신청 페이지

2. 추천도서

스토리텔링 관련 추천도서입니다.

분류	책 제목	저자	설명
스토리텔링	스토리두잉	김일철/유지희	스토리텔링 개념 설명, 산업에서 활용 사례 언급
스토리텔링	이야기의 힘	EBS	스토리텔링 개념 설명, 산업에서 활용 사례 언급
스토리텔링	무기가 되는 스토리	도널드 밀러	스토리텔링 개념 설명, 산업에서 활용 사례 언급
구조	스토리텔링의 비밀	마이클 티어노	이야기 창작의 원리 (아리스토텔레스 시학 기반, 영화 시나리오 예시 많음)
구조	스토리메이커	오쓰카 에이지	이야기 창작의 원리 (재미있는 이야기의 공통적 구조, 갔다가 돌아오기)
구조	천의 얼굴을 가진 영웅	조셉 켐벨	신화 이야기의 공통적 구조, 신화와 인생의 비유
구조	픽사 스토리텔링	매튜 룬	픽사 스토리텔링 기법으로 고객의 마음을 사로잡는법 (9법칙)
교육	베이비 스토리텔링	로니 M. 콜	영아, 유아를 위한 스토리텔링 놀이소통방법
교육	현명한 아이는 부모의 이야기를 먹고 자란다	김원	스토리텔링 육아서. 가족과 이야기만들기 놀이를 하는 방법
인문학	신화와 인생(또는) 영웅의 여정	조셉 켐벨	동서양의 신화 속에서 '영웅의 원형'을 찾아내는 신화해설서
인문학	에디톨로지	김정운	편집, 카드의 힘, 창조를 해내는 문화전반에 관해 읽을만한 책
인문학	인간이 그리는 무늬	최진석	내 이야기가 필요한 이유를 인문학적으로 접근. 읽기 편한 책
인문학	사피엔스	유발 하라리	인류 문명이 발전할 수 있었던 이유를 '이야기'의 힘으로 설명하는 책
경영	이솝 경영학	데이비드 누난	이야기로 경영의 문제를 해결한 비유적 접근
경영	바다출판사에서 출판한의 책들 (네안데르탈인의 그림자, 늑대 뛰어넘기 등)	데이비드 허천스	이야기로 경영의 문제를 해결한 비유적 접근
자기계발	콜드리딩	이시이 히로유키	스토리텔링의 기법을 활용한 심리대화의 기술

1. 대화의 도구, 이야기 [소통하기]   2. 창작의 도구, 이야기 [이야기 만들기]   3. 놀이의 도구, 이야기 [시간 즐기기]
4. 이야기톡이란   5. 마무리

3. 저작권

저작권이란 창작물을 만든 사람이 자신이 만든 창작물, 즉 저작물에 대해 가지는 법적 권리입니다. 따라서 다음의 것들은 모두 저작권이 있습니다.

이야기톡 카드 이미지 / 놀이 방법 / 교육 방법 / 제목 및 용어

모든 창작물은 기본적으로 **복사, 스캔을 하는 것은 불법**입니다.

Q1 : 교육에서 사용하기 위해 복사하는 것은요?

A1 : 시중에 시장가격책정되어 **'제품'으로 나와 있는 것**을 제품 대신 사용하기 위해 복사/촬영한다면 불법입니다. 단 시험문제, 언론기사, 안내문에서 사용하기 위해 복사하는 것은 가능합니다.

Q2 : 웹, SNS에 놀이장면, 교육결과물을 노출해도 돼요?

A2 : 모두 노출 가능합니다. 많이 올려주세요^^ 단, 지켜주셔야 할 것은

① 여러 장의 카드를 손쉽게 캡처/ 출력하기 쉽게 **직사각형의 이미지로 업로드하는 것**은 조심해주세요.

② 용어, 놀이법, 교육법은 **출처를 명기**해주세요.
   *출처 명기 방법: 용어, 저작권자, 등재된 곳의 명칭(책이름 등)을 명기한다. (출판사나 발행년도도 표현하면 더 확실합니다.)

〈예〉 버킷빙고게임 (윤성혜. 이야기를 만들고 소통하고 시간을 즐기는 33가지 방법. 2017)

③ 교육결과물 중, 결과물을 만든 사람의 **2차저작물을 침해**하는 경우가 없는지는 확인해 주세요.

④ 저작권과 별개로 **'초상권'**은 지켜주셔야 하겠죠?

Q3 : 교육용 목적의 보고서 / 원고 / 논문 / 책에 작성할 때 사용해도 되나요?

A3: **출처만 밝혀 주시면 가능한 경우**가 많습니다. 작성 또는 출간 전에 **와이스토리로 문의**해서 확인 받아 해주세요. 와이스토리: info@storylab.co.kr

Q4 : 이야기톡 이미지 또는 와이스토리 놀이/교육 방법을 포함해서 워크북을 만들고 싶어요. 어떻게 할 수 있지요?

A4 : 네. 다문화, 성교육, 진로, 인성, 신혼부부, 창업교육 등 특정주제에 맞는 워크북을 만들 때 와이스토리 콘텐츠가 함께 했던 경우가 종종 있었습니다. **상업적 용도의 워크북, 활동지 등을 만드는 것의 기준**이 마련되어 있으므로 연락주시면 도와드리겠습니다.

Q5 : 기존에 출시되어 있는 제품(스티커 등)을 사용하는 내용을 포함해서 자격증과정을 만들고 싶어요. 가능할까요?

A5 : 와이스토리와 **업무적제휴를 맺어서 제품을 할인**받을 수도 있습니다. 연락주시기 바랍니다.

Q6 : 그림이미지를 강의 ppt에 삽입하거나 zoom에서 공유하려면요?

A6: 이야기톡 이미지파일도 **구매해서 사용할 수 있습니다.**
 (*구매위치: 와이스토리 쇼핑몰 y-story.co.kr → '그림파일' 검색)

| 1. 대화의 도구, 이야기 [소통하기] | 2. 창작의 도구, 이야기 [이야기 만들기] | 3. 놀이의 도구, 이야기 [시간 즐기기] |
| 4. 이야기톡이란 | 5. 마무리 | |

스토리텔링 교육 놀이 지도사 서약서

와이스토리의 콘텐츠(커리큘럼, 교재, 교구, 이미지, 일러스트 등)에 관련하여 신청인(이하 "본인")은 다음 사항을 준수할 것을 약속합니다.

① 본인은 본인의 사적인 목적으로 와이스토리의 콘텐츠, 정보(자료)를 판매(혹은 계약)하거나 불법적 중개를 하지 않을 것을 약속합니다.

② 본인은 회사로부터 제공받은 정보자산 (이야기톡 그림 파일, 교재, 교안 및 관련 자료 등)을 무단 배포, 변조, 복사, 스캔, 제본 등을 하지 않을 것을 약속합니다.

③ 본인은 와이스토리의 콘텐츠(커리큘럼, 교재, 교구 등)와 유사한 콘텐츠를 제작, 판매할 경우 와이스토리와 공식적으로 사전 협의할 것을 약속합니다. 위반 시, 법적 불이익이 있을 수 있음을 시인합니다.

④ 본인은 와이스토리의 콘텐츠 사용에 있어 와이스토리 측의 확인 요청이 있을 경우 적극 협조할 것을 약속합니다.

⑤ 본인은 와이스토리의 정보보호정책 및 지침, 절차를 준수할 것을 약속합니다.

위 준수사항을 위반한 경우에는 향후 불이익 처분이 있더라도 이의를 제기하지 않을 것을 약속합니다.

신청인(본인) :　　　　(인)

와이스토리 귀하

스토리텔링 교육 놀이

스토리텔링
교육 놀이 전문가 양성과정

전체 일정 확인하기
주소창에 스토리텔링지도사.com 를 적어도 전체 일정이 나옵니다

스토리텔링 교육 놀이 전문가 양성과정

3급 과정

1. 대상
- 교사, 강사, 상담사, 코치, 퍼실리테이터 중 스토리텔링 기법을 접목하고자 하는 분
- 이야기놀이를 수업과 행사에 접목하고 싶은 사람

2. 수강 자격 조건
- 없음

3. 이수 시간
- 7시간

4. 학습 목표
- 대화의 방법으로서 스토리텔링 기법을 사용할 수 있다.
- 이야기놀이의 의미와 활용사례를 익힌다.
- 이미지, 놀이, 이야기의 연관성을 안다.
- 스토리텔링을 나의 분야에 활용한다.

5. 교육내용
- 대화와 이야기 <소통하기>
- 창작과 이야기 <이야기 만들기>
- 놀이와 이야기 <시간 즐기기>
- 이야기톡 개발 원리

6. 수강료
150,000원

7. 제공

[도서] 스토리텔링 교육놀이지도사 3급 교재   [도서] 이야기를 만들고 소통하고 시간을 즐기는 33가지 방법   빙고 워크지   이야기톡S 환상

  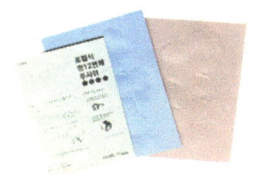

이야기톡 4각스티커 일상+감성   이야기톡 라인스티커   12면체 조립 주사위   DIY 회전판

8. 혜택

와이스토리 워크지 다운로드 권한

교육제안서 및 교육ppt 일부 제공

에듀페스티벌 참가 혜택

10. 개설일 및 강의장소

- 1년 정기 강의일정은 스토리텔링지도사.com 에서 확인
- 정기 강의일정이 아니더라도 8명 이상 수강인원이 모이면 해당 지역에서 강의를 합니다.

11. 재수강

정기 강의일정에 언제든지 재수강 가능합니다. (재수강 수강료 : 3만원)

스토리텔링 교육 놀이 전문가 양성과정

2급과정

1. 대상
- 스토리텔링 및 이야기 창작 교육에 대한 학습을 필요로 하는 자
- 이야기톡의 효과적인 활용 및 교수법을 필요로 하는 자

2. 수강 자격 조건
- 없음 (3급과정을 이수하지 않아도 2급과정을 수강할 수 있음)

3. 이수 시간
- 15시간

  ※ 15시간이면 수료증을 받을 수 있음. 단, 2급 '자격증'을 발급받기 위한 이수시간은 22시간이 되어야 함 (15시간+3급과정 7시간).

4. 학습 목표
- 스토리텔링의 개념의 정의와 활용범위에 대해 충분히 이해한다.
- 이야기톡을 활용한 자신만의 활용법을 1가지 이상 만들어내며, 4시간 이상의 효과적인 교육을 진행할 수 있다.
- 스토리텔링 접목 교육방법 중 소통, 창작, 진로, 인성 파트의 커리큘럼을 일부 진행할 수 있으며 및 그 이론적 배경을 설명할 수 있다.

5. 진행방식과 내용
- 스토리텔링을 접목한 교육 놀이 활용법 중 소통, 창작, 진로 분야를 실습 위주로 진행
- 스토리텔링의 활용범위와 원리 등을 이론으로 강의

7. 수강료
450,000원

7. 제공

[도서] 스토리텔링교육놀이

[도서] 진로, 이야기를 만나다

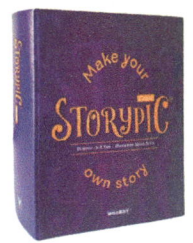
이야기톡 클래식

추상어카드

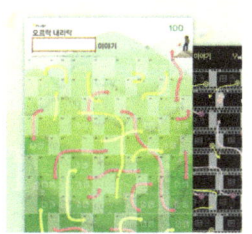
오르락내리락 게임판

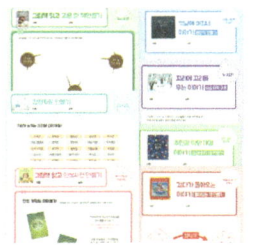
워크지 18종

이야기톡 4각스티커 3종 세트

12면체 스펀지 주사위

책만들기 키트

이야기톡 가방

스토리텔링 교육 놀이 전문가 양성과정

8. 혜택

- 향후 3년 간 와이스토리 교구재 구입 시 15% 할인

- 이야기톡 2급지도사 밴드 초대 →기존 지도사 분들과 소통

- 강의자료, 정보 제공, 강의 의뢰 시 우선 파견 / 1급과정 수강 자격

9. 자격증 발급 조건

- 이야기톡 3급과정, 2급과정 모두 수료 (80% 이상 수강)

- 과제 제출 후 통과

- 자격증 발급 비용 (5만원)

10. 개설일 및 강의장소

- 1년 정기 강의일정은 **스토리텔링지도사.com** 에서 확인
- 정기 강의일정이 아니더라도 8명 이상 수강인원이 모이면 해당 지역에서 강의를 합니다.

11. 재수강

정기 강의일정에 언제든지 재수강 가능합니다. (재수강 수강료 : 1일 3만원)

1급과정

1. 대상
- 스토리텔링 및 이야기 창작 교육에 대한 학습을 필요로 하는 자(2급 내용의 심화)
- 이야기톡의 효과적인 활용 및 교수법을 필요로 하는 자(직접 시강, 상담 등을 해 본 후 피드백의 시간을 포함)

2. 수강 자격 조건
- 스토리텔링 교육 놀이 2급 자격증 소지자(2급 수료 후 과제를 제출하지 않으신 분들은 과제 제출 필수단, 최근 기수이신 분들은 1급과정 우선 수강 후 2급과제 제출 가능. 수료증은 과제 제출 이후 발급)
- 활동계획서 제출
- 이력서(프로필) 제출

3. 이수 시간
- 32시간 (4주)

4. 강사
- 와이스토리 윤성혜 대표

5. 학습 목표
- 스토리텔링 분야로 강의할 수 있는 능력을 함양한다.
- '좋은 이야기의 원칙' 6가지를 모두 이해하며 설명할 수 있고, 이에 따라 상대가 만들어 낸 이야기에 대해 피드백이 가능하다.
- '이야기톡'의 개발과정과 특징을 설명할 수 있다.
- 스토리코칭의 기본 프로세스를 설명할 수 있다.
- 스토리텔링을 접목한 자신의 전문분야를 가진다.

스토리텔링 교육 놀이 전문가 양성과정

6. 진행 방식과 내용

강의 방식	
1~2주차	3~4주차
강의+실습 · 스토리텔링의 심화 이론 · 좋은 이야기의 원칙 · 스토리텔링 상담, 창의, 인성 등 2급과정에서 다루지 않은 교육활용법 실습 · 이야기톡 개발 배경 심화 · 교육자로서 강의력 향상 실습 · 자신만의 콘텐츠 발굴	**플립러닝(거꾸로 교실)** · 2급과정의 내용을 미리 숙지하여 참가자가 나누어서 강의 진행 · 나머지 참가자들과 강사가 피드백 · 자신만의 주된 콘텐츠 분야를 스토리텔링과 접목할 방향 발표

7. 제공

- 2급 강의 영상 전체 (온라인 교육영상)
- 강의 시 활용 자료 (영상 등)

[도서] 3급·2급 PPT 교안
스토리텔링 교육놀이 1급 교재

[도서] 총 4권, 각 1권
이야기야 놀자!
그림으로 쓰는 한 권 자서전
신혼부부 다이어리
세상에 하나뿐인 나의 이야기

이야기톡 빅 Big 각 1개
A / B / C

주인공카드 10매
악당카드 10매
초능력카드 10매

책만들기 키트 각 1세트
빅(Big) / 미니(mini) /
아코디언 / 하드보드

옴니버스 이야기 마술책 1권

이야기톡 가방 1개

감정카드 빈카드 10매
강점카드 빈카드 10매

9. 개설일

※ 1급과정은 수강하시는 분들과 일정을 조율하여 개설합니다.

10. 강의 장소

※ 1급과정은 수강하시는 분들이 많이 계시는 지역에서 강의합니다.

11. 수강료

- 880,000원

※제공물품 제외 시 130,000원 할인

※거주지역이 아닌 곳 강의 개설 시 120,000원 할인

(예를 들어, 서울/경기도 지역에 거주하시는 분이 부산 개설 강좌 신청 시, 차비 명목으로 120,000원 할인. 그 반대 경우도 해당. 단, 서울-경기, 경기-충청권 등 비교적 가까운 거리는 해당 없음.)

12. 자격증 발급 조건

- 2급 자격증 획득
- 1급과정의 85% 이상 수강
- 시강 후 참여 인원의 피드백 및 점수 계산
- 2급(하루 7시간), 3급(전체 5시간), 박람회 (하루 7시간) 중 4회 이상을 스텝 혹은 재수강으로 참가
- 자격증 발급비 없음

13. 수료 후 권한

- 이야기톡을 활용한 특정주제 과정 개설 가능 (예 : 이야기톡을활용한 독서지도/이야기톡 진로지도)
- 1급자격증 소지자가 특정 주제의 과정 개설시 본사도 함께 홍보
- 1년에 한번 개최되는 '1급&연구원 워크숍'에 참가 권한 (매년 4월 셋째 주)
- 와이스토리의 신규 과정 개설 시, 1만원에 수강 가능 (일부 과정 제외)

스토리텔링 교육 놀이 전문가 양성과정

연구원 과정

1. 대상
-와이스토리 자격증 과정을 운영하며 전임강사로서 활동하려는 분

-스토리텔링 교수법을 본격적으로 접목하고 연구하고자 하는 분

2. 수강 자격 조건
- 스토리텔링 교육 놀이 지도사 1급 자격증 소지자

3. 이수 시간
- 8시간

4. 강사
- 와이스토리 윤성혜 대표

5. 학습 목표
- 자신만의 스토리텔링 활용 교육 분야를 깊게 연구할 준비를 한다.
- 내 인생의 스토리를 정리하고 2분스피치 내용을 만든다

6. 수강료
- 66만원

7. 혜택
- 제품 구매 시 20% 할인
- 와이스토리에 의뢰들어오는 강사과정의 전임강사로 파견

  *강사과정 뜻: 이야기톡 활용법을 가르쳐주는 과정 (예: 교사연수 등)
- 3급, 2급 자격증과정 운영 가능

수석연구원이란?

매월 스토리텔링 분야의 연구 활동을 함께 하는 연구원

수석연구원의 혜택

- 제품 할인율 30%

- 신제품 공동개발 및 우선체험 기회

-그림파일 무료 제공

수석연구원 연구모임

- 온라인 연구모임: 매월 1,3번째 화요일 저녁 9:30~11:00

- 오프라인 연구모임 : 짝수달 셋째주 토요일

스토리텔링 교육 놀이 전문가 양성과정

> **2급과정 과제 안내**

💬 과제내용 및 제출방법

① 3명 이상의 대상자와 함께 이야기톡 활동을 실습합니다.

② 활동 결과물 사진 3장을 찍고, 각 사진별 나온 이야기를 꼼꼼히 메모합니다.

③ 네이버 카페 (cafe.naver.com/storyhealing 네이버카페에서 '와이스토리' 검색)에 회원 가입합니다.

와이스토리 네이버 카페 바로가기

④ 와이스토리 네이버카페의 [이야기톡 활용법]게시판에 활용후기를 작성합니다. (서식에 맞춰)

*이것을 (서로 다른 활동으로) 총 2번 진행합니다.

※ 보내주신 결과물은 홈페이지 또는 블로그 등 와이스토리 매체에 노출될 수 있습니다. 공개를 원치 않는 결과물은 꼭 체크하여 보내주세요. 체크가 되어 있지 않은 결과물은 공개 가능한 것으로 간주합니다.

💬 제출기한
- 수료일로부터 6개월 이내

💬 과제 제출 관련 문의
- Tel. 070-4756-4747. 와이스토리

💬 과제평가 기준
- 활동에 대한 이해도
- 과제의 성실성
- 정확한 활동명 기입
- 정확한 방법으로 활동 진행
- 결과물 개수와 사진 첨부 유무

※ 과제 미비 시 별도로 수정 요청

💬 **과제 예시자료**

엄마들과의 관계를 부드럽게 해줄 [나 사용설명서]

■ 활동명
나 사용설명서

■ 대상자
30대 여자 1명, 40대 여자 2명

■ 활동하는 사진

■ 완성된 결과물

① 결과물1

▶과거 - 매사 천진난만하고 아무걱정없이 웃고만 살았다.
▶현재 - 아이를 낳고 난 후 육아에만 매진하고 있어 우울하다.
▶미래 - 피아노를 전공했었다. 아이를 다 키우고 난 후 좋아하는 피아노연주를 하며 즐기며 살고 싶다.
▶강점 - 나는 어떤 사람을 너무 좋아하면 한 없이 다 퍼준다.
▶약점 - 그러나 너무 사람을 좋아하는 나머지 매일 사람들에게 연락하고, 놀고싶어해서 주위사람들을 지치게 한다.
▶해결(도움 또는 응원카드) - 관계를 좋아하는 성격이라서 마음의 상처도 많이 받는 것 같다. 때로는 혼자만의 시간도 즐겁게 보내는 것은 어떨까?

② 결과물2

▶과거 - 나는 아이를 낳고 나를 잃었다.
▶현재 - 하지만 아이를 잘 키우고 싶은 마음도 있고, 나를 찾고싶은 마음도 있다. 그래서 그 두가지를 잡을 수 있는 길이 무엇일까 고민하고 있다.
▶미래 - 다른 사람들을 따뜻하게 안아주는 사람이 되고 싶다.
▶강점 - 호기심이 너무 많은 점이 엉뚱하기도 새로움을 불러내기도 한다.
▶약점 - 그러나 겁이 많아서 선뜻 일을 진행할 때 고민을 많이 한다.
▶해결(도움 또는 응원카드) - 인생은 늘 초행길이다. 처음 가보는 길을 가는 과정 자체를 즐기면 좋을 것 같다. 호기심이 겁을 이기는 마음을 가져보자.

③ 결과물3

---

1. 과제글 **제목**에 반드시 **활동명이 포함**되어야 합니다.
예>
초등학생들의 황당한 [다섯조각이야기]
[액션아이디어게임], 기업교육에서 진행했습니다!
[ㅇㅇ떠올리기]를 <그리스로마신화의 신神> 떠올리기로!

2. **정확한 활동명**을 작성해주세요.
예> 다섯 조각 이야기 (O) / 다섯 가지 이야기 (X)

3. 사진은 **활동한 결과물 사진**(카드가 나오게)을 올려주세요

4. 사진에 있는 **결과물로 나온 이야기(내용)**를 기록해주세요.

한 포스팅에 3개 이상의 결과물을 올려주세요

(한 활동에 3명 이상의 결과물 사진 준비)

스토리텔링 교육 놀이 전문가 양성과정

자격증 안내

💬 자격증의 유효 기간

- 취득일로부터 3년

💬 자격갱신 방법

2급
① 추가 과제 제출 후 통과 (3년 동안 활동하고 있음을 증명)
② 3급과정 혹은 2급과정 재수강 (재수강 비용 3만원은 동일)

1급
① 활동현황 제출 (3년 동안 활동하고 있음을 증명)
② 1급과정 재수강 (재수강 비용 5만원)

연구원
① 활동현황 제출 (3년 동안 활동하고 있음을 증명)
② 1급 또는 연구원 과정 재수강 (재수강 비용 5만원)
 *활동기 연구원을 유지하고 있으면 자격 갱신이 따로 필요 없습니다.

와이스토리
교육 주제별 워크지 모음

진로교육

워크지_창작(A4)

워크지_내꿈은(A4)

자기탐색

워크지_강점(A4)

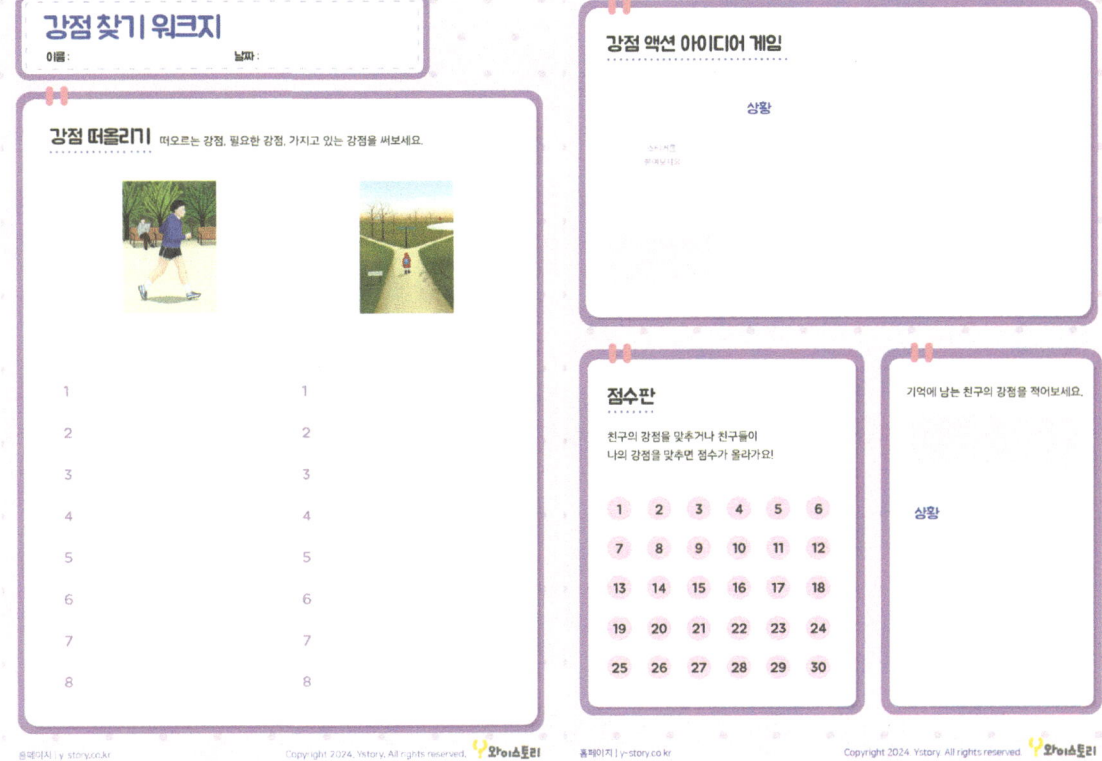

워크지_가치관 경매(A4)

워크지_그림책활동 시리즈 8종 (A3)

독서교육

워크지_협동책 시리즈 13종 (A4)

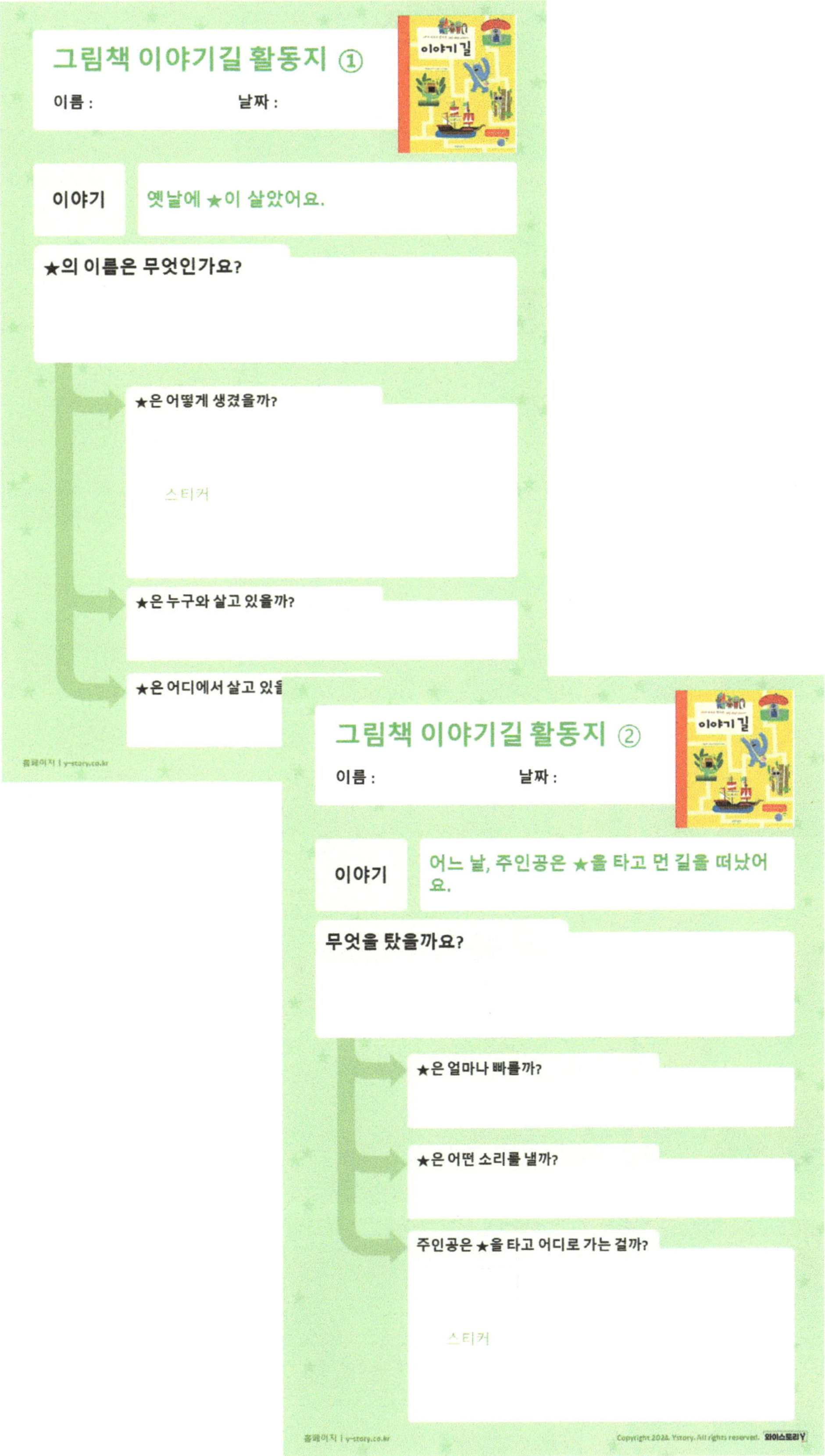

그림책 이야기길 활동지 ①

이름 :　　　　　날짜 :

이야기 : 옛날에 ★이 살았어요.

★의 이름은 무엇인가요?

★은 어떻게 생겼을까?

스티커

★은 누구와 살고 있을까?

★은 어디에서 살고 있을까?

그림책 이야기길 활동지 ②

이름 :　　　　　날짜 :

이야기 : 어느 날, 주인공은 ★을 타고 먼 길을 떠났어요.

무엇을 탔을까요?

★은 얼마나 빠를까?

★은 어떤 소리를 낼까?

주인공은 ★을 타고 어디로 가는 걸까?

스티커

79

인성교육

워크지_그림책 인성 시리즈(A3)

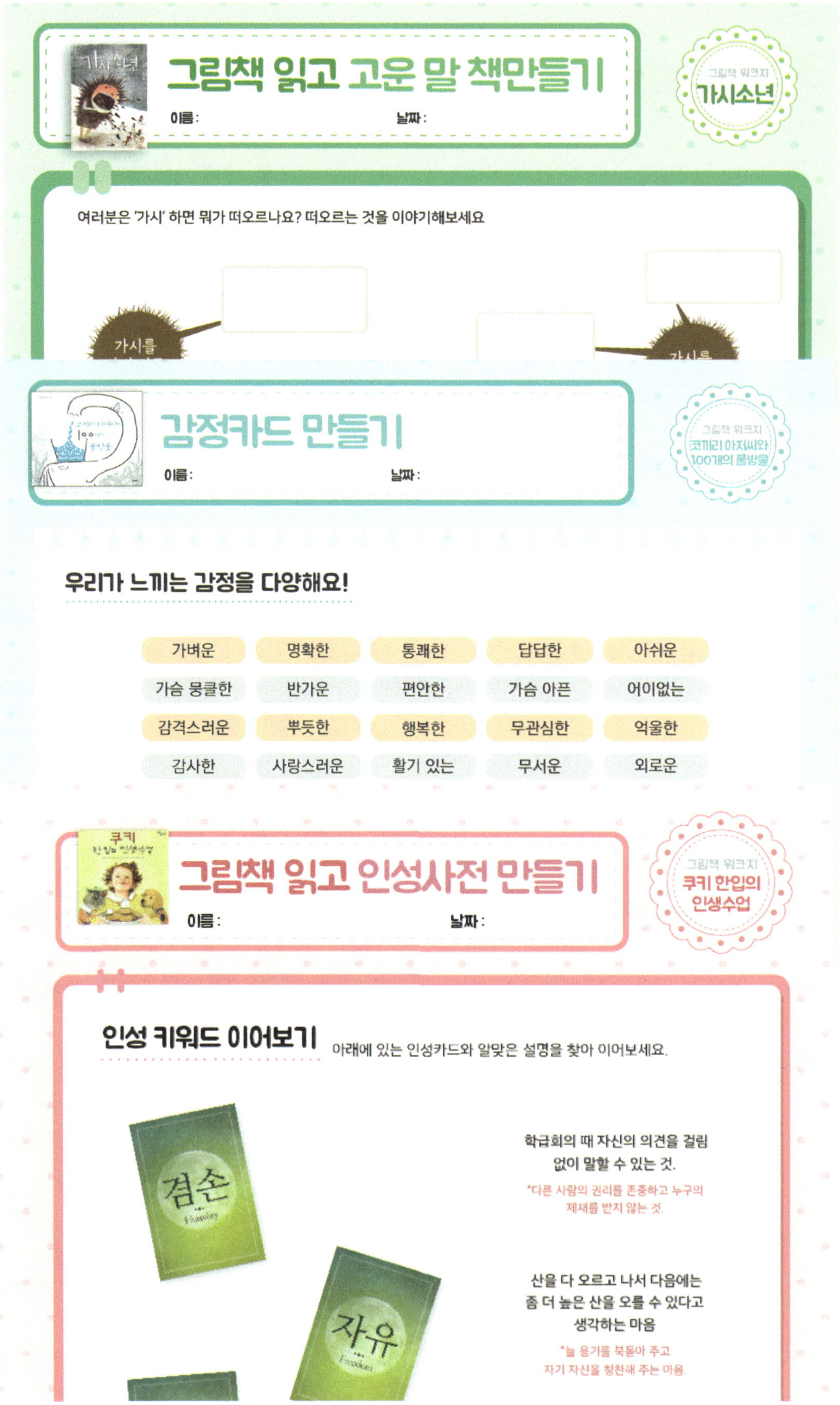

그림책 읽고 고운 말 책만들기
이름:　　　　　　　　　날짜:

그림책 워크지
가시소년

여러분은 '가시' 하면 뭐가 떠오르나요? 떠오르는 것을 이야기해보세요

감정카드 만들기
이름:　　　　　　　　　날짜:

그림책 워크지
코끼리 아저씨와
100개의 물방울

우리가 느끼는 감정은 다양해요!

가벼운	명확한	통쾌한	답답한	아쉬운
가슴 뭉클한	반가운	편안한	가슴 아픈	어이없는
감격스러운	뿌듯한	행복한	무관심한	억울한
감사한	사랑스러운	활기 있는	무서운	외로운

그림책 읽고 인성사전 만들기
이름:　　　　　　　　　날짜:

그림책 워크지
쿠키 한입의
인생수업

인성 키워드 이어보기
아래에 있는 인성카드와 알맞은 설명을 찾아 이어보세요.

겸손 Humility

학급회의 때 자신의 의견을 걸림 없이 말할 수 있는 것.
*다른 사람의 권리를 존중하고 누구의 제재를 받지 않는 것.

자유 Freedom

산을 다 오르고 나서 다음에는 좀 더 높은 산을 오를 수 있다고 생각하는 마음
*늘 용기를 북돋아 주고 자기 자신을 칭찬해 주는 마음.

인성교육

워크지_마술 시리즈 26종(A3)

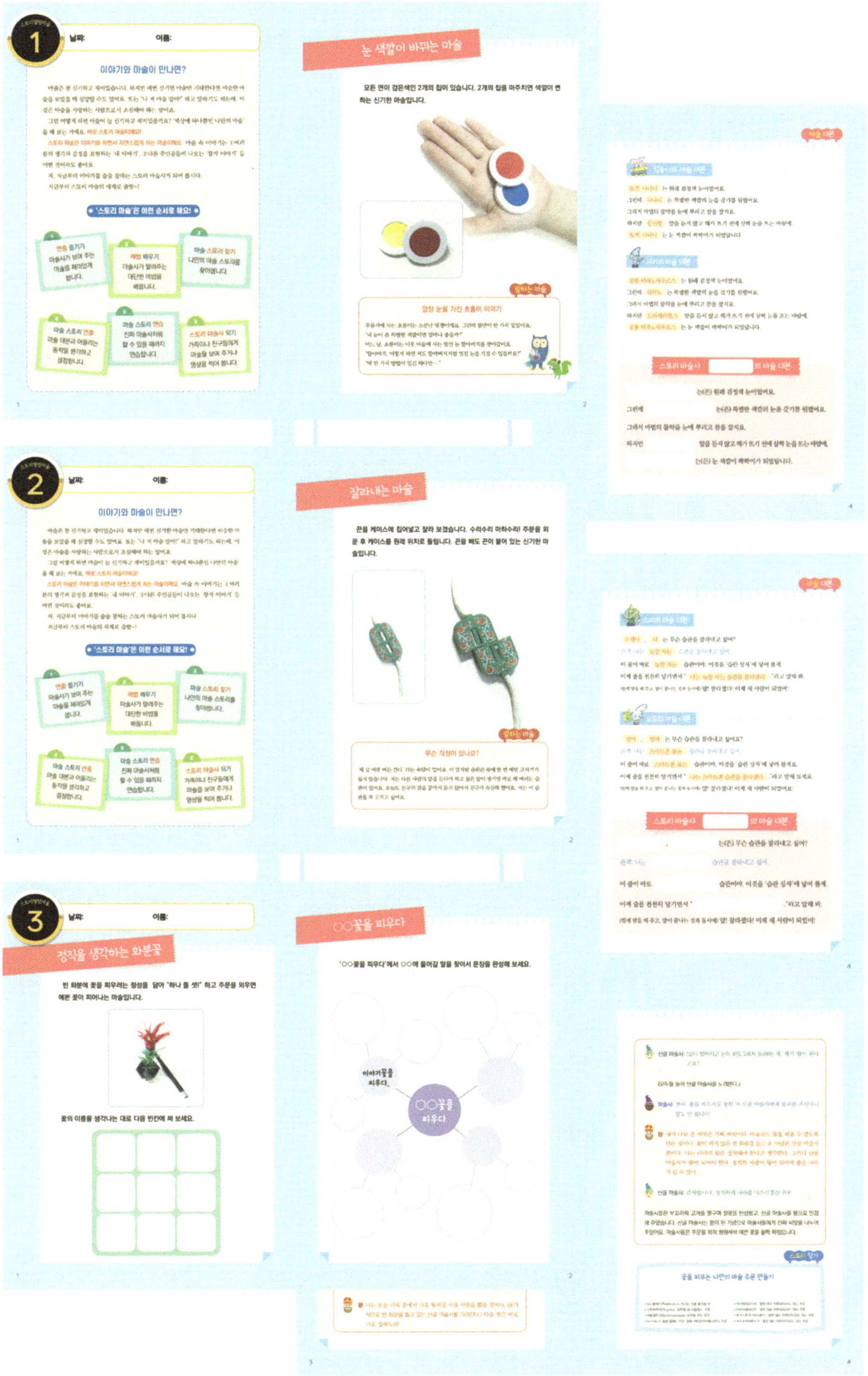

창의,교육

워크지_피자판(A4)

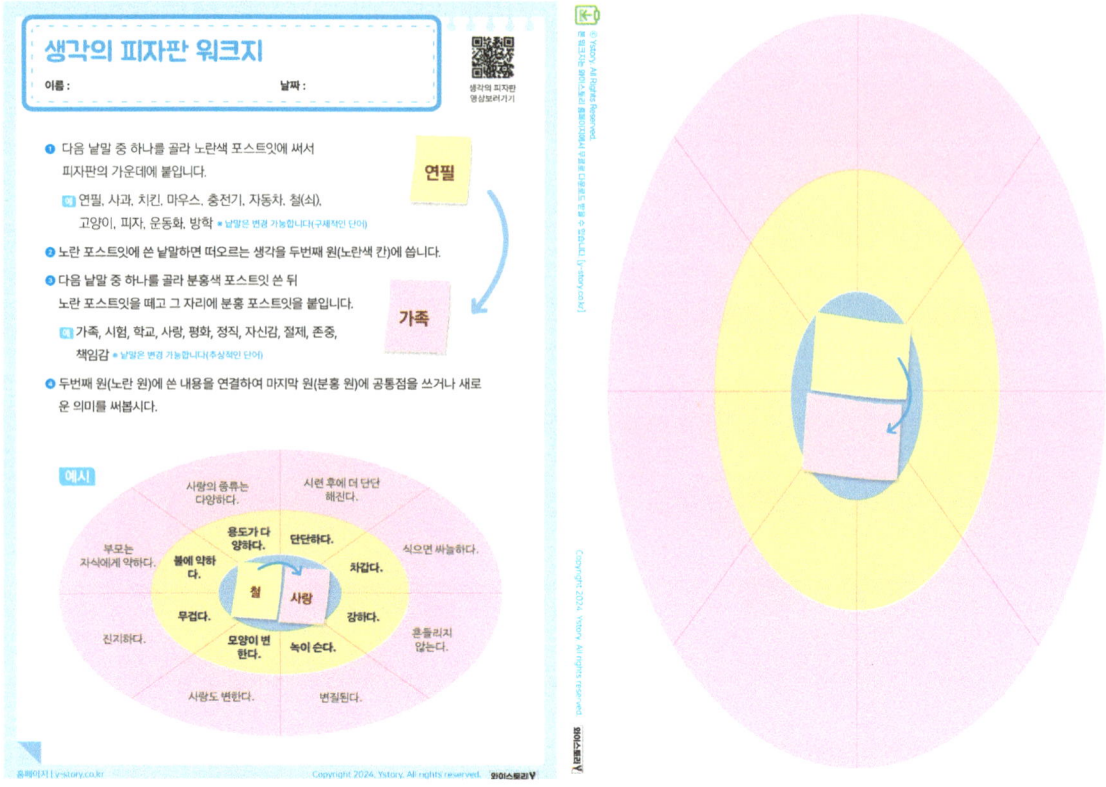

워크지_광고(A3)

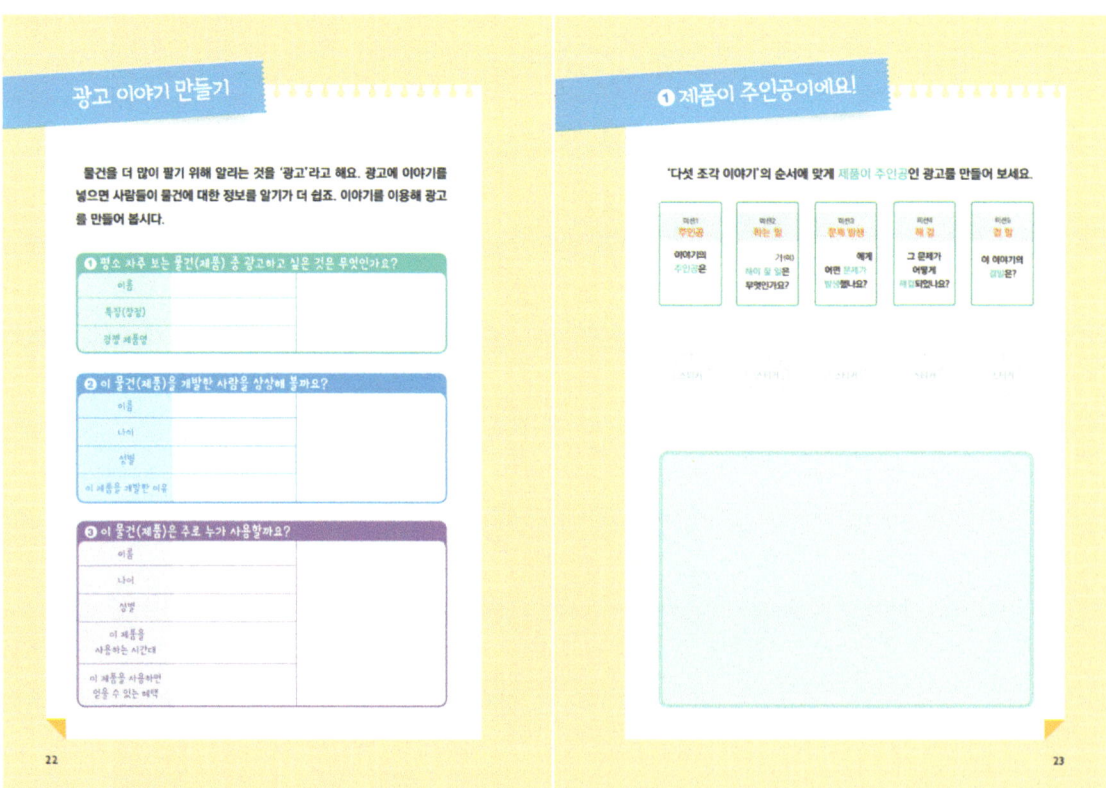

자기주도학습
교과접목수업

워크지_개념(A4)

워크지_초능력

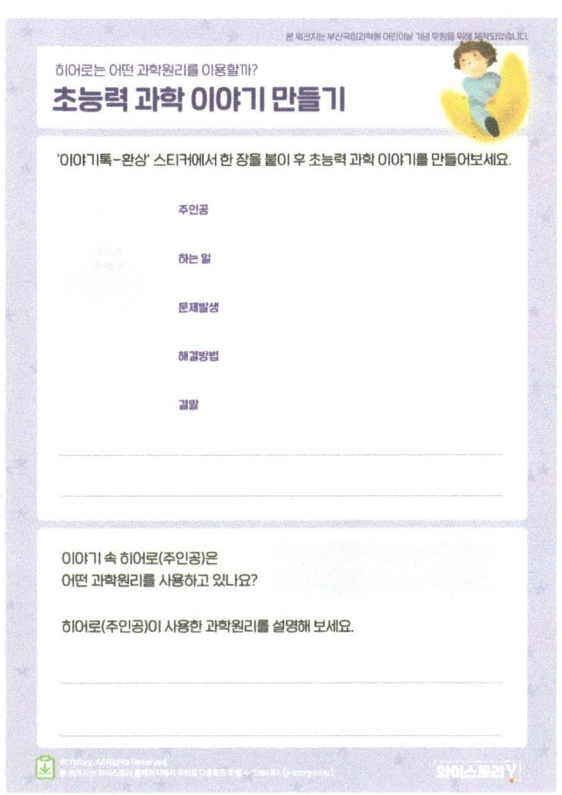

창의, 교육

워크지_빙고(A4)

워크지_오르락(A4)

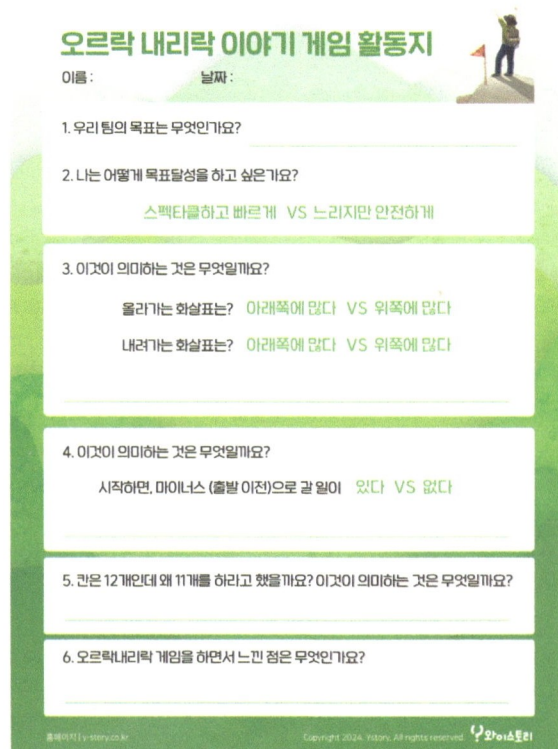

리더십 교육

워크지_선택(A4)

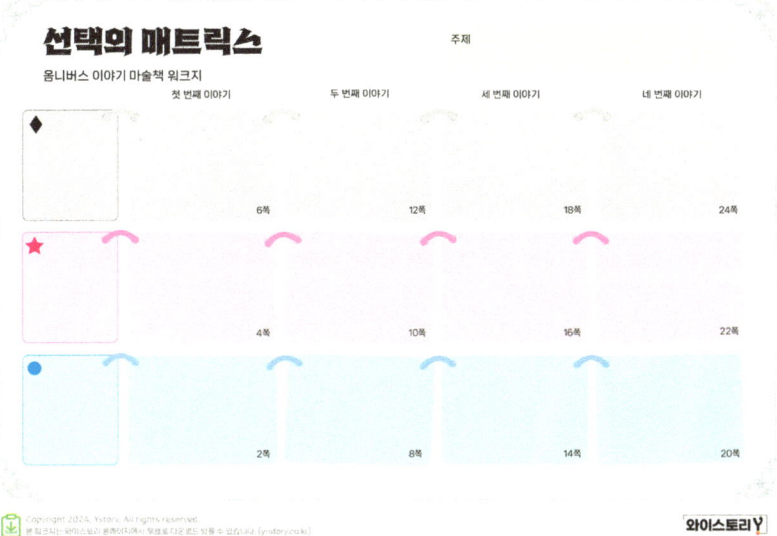

워크지_가치관(A3)

스토리텔링 교육 놀이 기초편

대화의 도구, 이야기
이야기로 노는 법
_____

초판 1쇄 발행 2024.11.25
ISBN 979-11-88068-27-2

글 윤성혜
발행인 윤성혜
편집디자인 와이스토리
발행처 와이스토리
출판등록 제333-2014-14호
주소 부산시 수영구 과정로 15번길 8-2, 2층
전화 070-7437-4270
홈페이지 www.y-story.co.kr

이야기톡 카드
콘텐츠 저작권자 와이스토리
일러스트레이터 문지나, 정은지

저자 및 출판사의 허락 없이 이 책의 일부 또는 전부를 무단 복제·전재·발췌할 수 없습니다.
잘못된 책은 바꿔드립니다.